공부력

❓ 왜 공부력을 키워야 할까요?

쓰기력

정확한 의사소통의 기본기이며 논리의 바탕

연필을 잡고 종이에 쓰는 것을 괴로워한다!
맞춤법을 몰라 정확한 쓰기를 못한다!
말은 잘하지만 조리 있게 쓰는 것이 어렵다!
그래서 글쓰기의 기본 규칙을 정확히 알고
써야 공부 능력이 향상됩니다.

어휘력

교과 내용 이해와 독해력의 기본 바탕

어휘를 몰라서 수학 문제를 못 푼다!
어휘를 몰라서 사회, 과학 내용 이해가 안 된다!
어휘를 몰라서 수업 내용을 따라가기 어렵다!
그래서 교과 내용 이해의 기본 바탕을
다지기 위해 어휘 학습을 해야 합니다.

독해력

모든 교과 실력 향상의 기본 바탕

글을 읽었지만 무슨 내용인지 모른다!
글을 읽고 이해하는 데 시간이 오래 걸린다!
읽어서 이해하는 공부 방식을 거부하려고 한다!
그래서 통합적 사고력의 바탕인 독해 공부로
교과 실력 향상의 기본기를 닦아야 합니다.

계산력

초등 수학의 핵심이자 기본 바탕

계산 과정의 실수가 잦다!
계산을 하긴 하는데 시간이 오래 걸린다!
계산은 하는데 계산 개념을 정확히 모른다!
그래서 계산 개념을 익히고 속도와 정확성을
높이기 위한 훈련을 통해 계산력을 키워야 합니다.

세상이 변해도
배움의 즐거움은
변함없도록

시대는 빠르게 변해도
배움의 즐거움은
변함없어야 하기에

어제의 비상은
남다른 교재부터
결이 다른 콘텐츠
전에 없던 교육 플랫폼까지

변함없는 혁신으로
교육 문화 환경의 새로운 전형을
실현해왔습니다.

비상은 오늘, 다시 한번
새로운 교육 문화 환경을 실현하기 위한
또 하나의 혁신을 시작합니다.

오늘의 내가 어제의 나를 초월하고
오늘의 교육이 어제의 교육을 초월하여
배움의 즐거움을 지속하는 혁신,

바로, 메타인지학습을.

상상을 실현하는 교육 문화 기업 비상

메타인지학습
초월을 뜻하는 meta와 생각을 뜻하는 인지가 결합된 메타인지는
자신이 알고 모르는 것을 스스로 구분하고 학습계획을 세우도록 하는
궁극의 학습 능력입니다. 비상의 메타인지학습은 메타인지를 키워주어
공부를 100% 내 것으로 만들도록 합니다.

ⓦ 완자

공부력

초등 국어
독해 6A

과목별 공부 영역을 반영한 글감을 통해
풍부한 배경지식과 독해 실력을 키워요!

특징과 활용법

하루 4쪽 공부하기

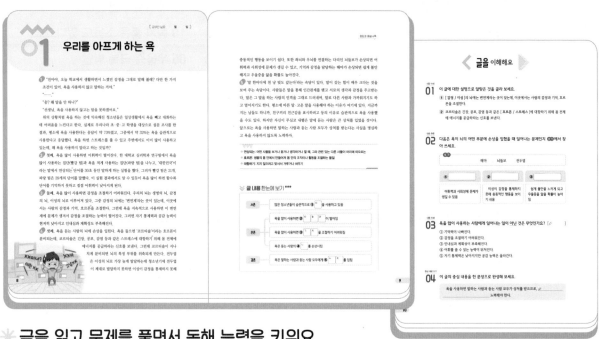

✳ 글을 읽고 문제를 풀면서 독해 능력을 키워요.
✳ [글 내용 한눈에 보기]를 통해 글의 구조를
   파악하는 능력을 길러요.

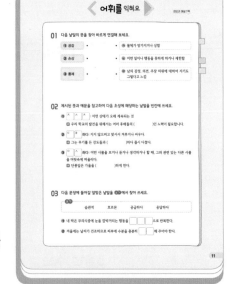

✳ 글에 나온 어휘를 다양한 문제를
   통해 재미있게 익혀요.

- ✅ 책으로 하루 4쪽 공부하며, 초등 독해력을 키워요!
- ✅ 모바일앱으로 공부한 내용을 복습하고 몬스터를 잡아요!

공부한 내용 확인하기

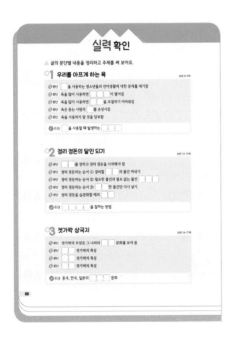

✳ 20일 동안 공부한 내용을 정리 💡 해 보며 자기의 실력을 확인해요.

모바일앱으로 복습하기

앱 다운받기

책 인증하기

✳ 그날 배운 내용을 바로바로, 또는 주말에 모아서 복습하고, 다이아몬드 획득까지! 🪶 공부가 저절로 즐거워져요!

차례

우리도 하루 4쪽 공부 습관!
스스로 공부하는 힘을
키워 볼까요?

큰 습관이
지금은 그 친구를 이끌고 있어요.
매일매일의 좋은 습관은 우리를 좋은
곳으로 이끌어 줄 거예요.

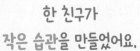

한 친구가
작은 습관을 만들었어요.

매일매일의 시간이 흘러
작은 습관은 큰 습관이 되었어요.

우리를 아프게 하는 욕

1 "진아야, 오늘 학교에서 생활하면서 느꼈던 감정을 그대로 말해 볼래? 다만 한 가지 조건이 있어. 욕을 사용하지 않고 말하는 거야."

"……."

"응? 왜 말을 안 하니?"

"선생님, 욕을 사용하지 않고는 말을 못하겠어요."

위의 상황처럼 욕을 하는 것에 익숙해진 청소년들은 일상생활에서 욕을 빼고 대화하는 데 어려움을 느낀다고 한다. 실제로 우리나라 초·중·고 학생을 대상으로 설문 조사를 한 결과, 평소에 욕을 사용한다는 응답이 약 73%였고, 그중에서 약 32%는 욕을 습관적으로 사용한다고 응답했다. 욕을 하면 스트레스를 풀 수 있고 주변에서도 이미 많이 사용하고 있는데, 왜 욕을 사용하지 말라고 하는 것일까?

2 첫째, 욕을 많이 사용하면 어휘력이 떨어진다. 한 대학교 심리학과 연구팀에서 욕을 많이 사용하는 집단(빨강 팀)과 욕을 적게 사용하는 집단(파랑 팀)을 나누고, '대한민국'이라는 말에서 연상되는 단어를 30초 동안 말하게 하는 실험을 했다. 그러자 빨강 팀은 21개, 파랑 팀은 39개의 단어를 말했다. 이 실험 결과에서도 알 수 있듯이 욕을 많이 하면 할수록 단어를 기억하지 못하고 점점 어휘력이 낮아지게 된다.

3 둘째, 욕을 많이 사용하면 감정을 조절하기 어려워진다. 우리의 뇌는 생명의 뇌, 감정의 뇌, 이성의 뇌로 이루어져 있다. 그중 감정의 뇌에는 '변연계'라는 곳이 있는데, 이곳에서는 사람의 감정과 기억, 호르몬을 조절한다. 그런데 욕을 지속적으로 사용하면 이 변연계에 문제가 생겨서 감정을 조절하는 능력이 떨어진다. 그러면 자기 통제력과 공감 능력이 현저히 낮아지고 인내심과 계획성도 부족해진다.

4 셋째, 욕을 듣는 사람의 뇌에 손상을 입힌다. 욕을 들으면 '코르티솔'이라는 호르몬이 분비되는데, 코르티솔은 긴장, 공포, 감염 등과 같은 스트레스에 대항하기 위해 몸 전체에 에너지를 공급하라는 신호를 보낸다. 그런데 코르티솔이 지나치게 분비되면 뇌의 특정 부위를 위축되게 만든다. 전두엽은 이성의 뇌로 가장 늦게 발달하는데 청소년기에 전두엽이 제대로 발달하지 못하면 이성이 감정을 통제하지 못해

충동적인 행동을 보이기 쉽다. 또한 좌뇌와 우뇌를 연결하는 다리인 뇌들보가 손상되면 어휘력과 사회성에 문제가 생길 수 있고, 기억과 감정을 담당하는 해마가 손상되면 쉽게 불안해지고 우울증을 앓을 확률도 높아진다.

5 '말 한마디에 천 냥 빚도 갚는다'라는 속담이 있다. 말이 갖는 힘이 매우 크다는 것을 보여 주는 속담이다. 사람들은 말을 통해 인간관계를 맺고 서로의 생각과 감정을 주고받는다. 말은 그 말을 하는 사람의 인격을 그대로 드러내며, 말로 다른 사람과 가까워지기도 하고 멀어지기도 한다. 평소에 바른 말·고운 말을 사용해야 하는 이유가 여기에 있다. 지금까지는 남들도 하니까, 친구끼리 친근감을 표시하려고 등의 이유로 습관적으로 욕을 사용했을 수도 있다. 하지만 자신이 무심코 내뱉은 말에 듣는 사람은 큰 상처를 입었을 것이다. 앞으로는 욕을 사용하면 말하는 사람과 듣는 사람 모두가 상처를 받는다는 사실을 명심하고 욕을 사용하지 않도록 노력하자.

◆ **연상되는:** 어떤 사물을 보거나 듣거나 생각하거나 할 때, 그와 관련 있는 다른 사물이 머리에 떠오르는
◆ **호르몬:** 생물의 몸 안에서 만들어져 몸 안의 조직이나 활동을 조절하는 물질
◆ **대항하기:** 지지 않으려고 맞서서 겨루거나 싸우기

≫ 글 내용 한눈에 보기 ●●●

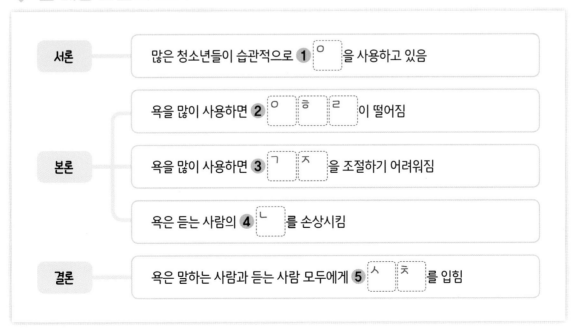

서론	많은 청소년들이 습관적으로 **1** ㅇ 을 사용하고 있음
본론	욕을 많이 사용하면 **2** ㅇㅎㄹ 이 떨어짐
	욕을 많이 사용하면 **3** ㄱㅈ 을 조절하기 어려워짐
	욕은 듣는 사람의 **4** ㄴ 를 손상시킴
결론	욕은 말하는 사람과 듣는 사람 모두에게 **5** ㅅㅊ 를 입힘

글을 이해해요

내용 이해

01 이 글에 대한 설명으로 알맞은 것을 골라 보세요.

1 [감정 / 이성]의 뇌에는 변연계라는 곳이 있는데, 이곳에서는 사람의 감정과 기억, 호르몬을 조절한다.

2 코르티솔은 긴장, 공포, 감염 등과 같은 [호르몬 / 스트레스]에 대항하기 위해 몸 전체에 에너지를 공급하라는 신호를 보낸다.

내용 추론

02 다음은 욕이 뇌의 어떤 부분에 손상을 입혔을 때 일어나는 문제인지 보기 에서 찾아 쓰세요.

보기

| 해마 | 뇌들보 | 전두엽 |

1	2	3
어휘력과 사회성에 문제가 생길 수 있음	이성이 감정을 통제하지 못해 충동적인 행동을 보이기 쉬움	쉽게 불안을 느끼게 되고 우울증을 앓을 확률이 높아짐

내용 이해

03 욕을 많이 사용하는 사람에게 일어나는 일이 <u>아닌</u> 것은 무엇인가요? [   ]

① 기억력이 나빠진다.
② 감정을 조절하기 어려워진다.
③ 인내심과 계획성이 부족해진다.
④ 어휘를 쓸 수 있는 능력이 뒤처진다.
⑤ 자기 통제력은 낮아지지만 공감 능력은 올라간다.

중심 내용 쓰기

04 이 글의 중심 내용을 한 문장으로 완성해 보세요.

욕을 사용하면 말하는 사람과 듣는 사람 모두가 상처를 받으므로, _____
_____ 노력해야 한다.

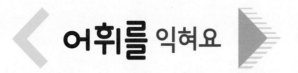

01 다음 낱말의 뜻을 찾아 바르게 연결해 보세요.

1 공감 •
2 손상 •
3 통제 •

• ㄱ 물체가 망가지거나 상함

• ㄴ 어떤 일이나 행동을 못하게 하거나 제한함

• ㄷ 남의 감정, 의견, 주장 따위에 대하여 자기도 그렇다고 느낌

02 제시된 뜻과 예문을 참고하여 다음 초성에 해당하는 낱말을 빈칸에 쓰세요.

1 ㅈ ㅅ ㅈ : 어떤 상태가 오래 계속되는 것
예 우리 학교의 발전을 위해서는 여러 후배들의 (   )인 노력이 필요합니다.

2 ㄷ ㅎ 하다: 지지 않으려고 맞서서 겨루거나 싸우다.
예 그는 무기를 든 강도들과 (   )하다 몹시 다쳤다.

3 ㅇ ㅅ 하다: 어떤 사물을 보거나 듣거나 생각하거나 할 때, 그와 관련 있는 다른 사물을 머릿속에 떠올리다.
예 단풍잎은 가을을 (   )하게 한다.

03 다음 문장에 들어갈 알맞은 낱말을 보기에서 찾아 쓰세요.

보기

습관적   호르몬   공급하다   응답하다

1 내 짝은 무의식중에 눈을 깜박거리는 행동을 ☐ ☐ ☐ 으로 반복한다.

2 겨울에는 날씨가 건조하므로 피부에 수분을 충분히 ☐ ☐ 해 주어야 한다.

11

정리 정돈의 달인 되기

1단계 **정리 정돈의 목표 정하기**

1 본격적으로 정리 정돈을 시작하기 전에 먼저 목표를 정해야 한다. '어느 곳을 언제까지 정리하겠다.'라고 말이다. 무작정 깨끗한 집을 만들고 싶다는 생각으로 마구잡이로 물건을 꺼내 놓으면 정리 정돈을 하다가 금방 지칠 수 있다. 그리고 끝내는 시간을 정하지 않고 시작하면 정리 정돈에 집중하지 못하고 다른 일에 시간을 소비하게 된다. 한 번에 정리할 구역은 한 군데로, 끝내는 시간은 20분 내외로 정하는 것이 효율적이다. 이제 어질러진 공간을 깔끔하게 정리해 보자.

2단계 **순서대로 정리 정돈하기**

2 정리 정돈을 하는 순서는 간단하다. '정리할 구역의 물건을 꺼낸다. → 필요한 물건과 필요 없는 물건을 나눈다. → 필요한 물건만 다시 넣는다.'만 기억하면 된다. 먼저, 정리할 구역의 물건을 꺼낸다. 정리할 구역이 너무 넓다면 구역을 작게 쪼개서 목표에 맞게 조정해 보자. 이렇게 하면 방 전체를 정리한다고 책장, 옷장, 서랍장에 있는 모든 물건을 꺼냈다가 오히려 더 어지럽히는 일을 막을 수 있다.

3 그 다음 필요한 물건과 필요 없는 물건을 나눈다. 꺼낸 물건 중에서 지금 당장 사용하는 것은 따로 모아 두고, 나머지는 '사용할 물건, 버릴 물건, 고민되는 물건'으로 분류한다. '고민되는 물건'은 버리기엔 아깝고 언젠가 쓸 것 같지만 사실은 나중에도 쓰지 않을 가능성이 크다. 이런 물건은 과감하게 버린다. 그래도 고민이 되면 일단 상자에 넣어 둔다. 쓰지 않는 물건을 버리는 것이야말로 정리 정돈의 핵심이다.

4 마지막으로 필요한 물건만 다시 넣는다. 여기서 필요한 물건은 '지금 당장 사용하는 물건'과 '사용할 물건'을 말한다. 물건을 다시 넣을 때 꼭 해야 할 일은 물건의 자리를 정해 주는 것이다. 정해진 자리가 없으면 사용하고 난 뒤 아무 데나 놓았다가 필요할 때 찾지 못하는 일이 벌어진다. 예를 들어 자주 쓰는 문구류는 책상 위 연필꽂이에, 자주 쓰지 않는 문구류는 책상 서랍에 보관한다. 그리고 사용한 물건은 반드시 정해진 자리를 찾아 넣어 둔다.

3단계 **정리 정돈을 습관화하기**

5 정리 정돈을 마친 후의 모습을 상상해 보자. 기분이 좋아질 것이다. 주변이 깨끗하면

생각과 마음이 차분히 정리되면서 집중력이 높아진다. 그리고 '어떤 물건을 남기고 어떤 물건을 버릴까?', '자주 쓰는 물건과 그렇지 않은 물건을 어떻게 배치할까?'와 같이 선택과 판단을 되풀이하면서 자신도 모르게 생각의 폭도 넓어진다. 또한 스스로 정리하는 습관이 생기면 자기 주도적인 태도가 길러져서 어떤 일이든 주체적으로 행동하게 된다. 자, 이제 몸과 마음까지 여유롭게 만드는 정리 정돈을 습관으로 만들어 보면 어떨까?

◆ **마구잡이**: 어떤 일을 되는대로 마구 하는 짓
◆ **소비하게**: 돈이나 물품, 시간, 노력 등을 써서 없애게
◆ **내외**: 수량을 나타내는 낱말 뒤에 쓰여, '약간 넘거나 모자람'의 뜻을 나타내는 말
◆ **과감하게**: 무슨 일을 할 때 망설임이나 두려움이 없고 용감하게
◆ **주체적**: 어떤 일을 실천하는 데 자유롭고 자주적(자기 일을 스스로 처리하는 것)인 성질이 있는 것

⩔ 글 내용 한눈에 보기 ●●●

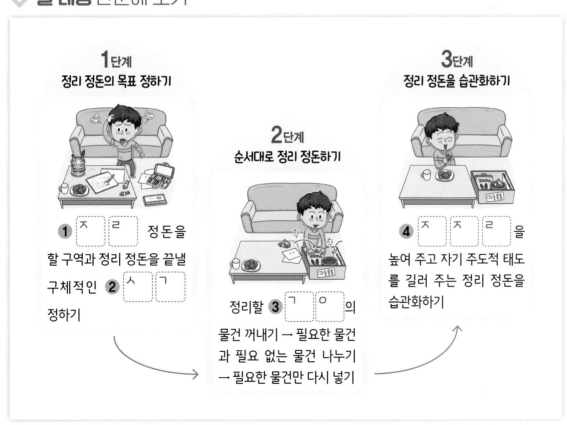

1단계
정리 정돈의 목표 정하기

1 ㅈ ㄹ 정돈을 할 구역과 정리 정돈을 끝낼 구체적인 **2** ㅅ ㄱ 정하기

2단계
순서대로 정리 정돈하기

정리할 **3** ㄱ ㅇ 의 물건 꺼내기 → 필요한 물건과 필요 없는 물건 나누기 → 필요한 물건만 다시 넣기

3단계
정리 정돈을 습관화하기

4 ㅈ ㅈ ㄹ 을 높여 주고 자기 주도적 태도를 길러 주는 정리 정돈을 습관화하기

글을 이해해요

내용 이해
01 이 글에 대한 설명으로 알맞은 것을 골라 보세요.

1 정리 정돈을 할 때 쓰지 않는 물건을 [버리는 / 보관하는] 것이 매우 중요하다.

2 한 번에 정리할 구역은 [방 전체 / 한 군데]로, 끝내는 시간은 20분 내외로 정하는 것이 효율적이다.

내용 추론
02 보기는 정리 정돈을 하는 순서입니다. 각 순서에서 해야 할 일에 맞게 기호를 쓰세요.

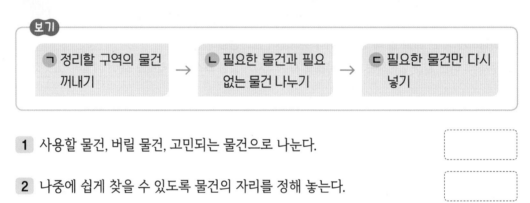

1 사용할 물건, 버릴 물건, 고민되는 물건으로 나눈다. 　　

2 나중에 쉽게 찾을 수 있도록 물건의 자리를 정해 놓는다. 　　

3 모든 물건을 꺼내지 말고 정리 정돈하려는 구역의 물건만 꺼낸다. 　　

내용 이해
03 정리 정돈을 습관화할 때의 장점으로 보기 <u>어려운</u> 것은 무엇인가요? [　　　]

① 집중을 잘하게 된다.
② 협동 정신이 강해진다.
③ 생각의 폭이 넓어진다.
④ 생각과 마음이 차분해진다.
⑤ 자기 주도적인 태도가 길러진다.

중심 내용 쓰기
04 이 글의 중심 내용을 한 문장으로 완성해 보세요.

정리 정돈을 할 때에는 　　　　　 를 정한 후 　　　　　 대로 정리하는 것이 효율적이며, 정리 정돈을 하면 　　　　　 과 　　　　　　　 를 기를 수 있다.

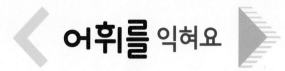

정답과 해설 9쪽

01 다음 낱말의 뜻을 찾아 바르게 연결해 보세요.

| 1 내외 | • | | • | ㄱ 어떤 일을 되는대로 마구 하는 짓 |

| 2 정리 | • | | • | ㄴ 어수선하게 흐트러진 것을 가지런하고 질서 있게 놓아 보기 좋게 함 |

| 3 마구잡이 | • | | • | ㄷ 수량을 나타내는 낱말 뒤에 쓰여, '약간 넘거나 모자람'의 뜻을 나타내는 말 |

02 제시된 뜻과 예문을 참고하여 다음 초성에 해당하는 낱말을 빈칸에 쓰세요.

1 ㅅ ㅂ 하다: 돈이나 물품, 시간, 노력 등을 써서 없애다.

예 우리 불필요한 일에 시간과 정성을 (   )하지 말자.

2 ㄱ ㄱ 하다: 무슨 일을 할 때 망설임이나 두려움이 없고 용감하다.

예 우리 팀은 (   )한 공격으로 후반전을 승리로 이끌었다.

3 ㅈ ㅊ ㅈ : 어떤 일을 실천하는 데 자유롭고 자주적인 성질이 있는 것

예 지금은 우리의 문제를 우리 자신이 (   )으로 해결하고 책임지는 자세가 필요하다.

03 다음 문장에 들어갈 알맞은 낱말을 보기 에서 찾아 쓰세요.

> **보기**
>
> 금방   당장   반드시   오히려

1 [   ] 떠났으니 멀리 못 갔을 것이다.

2 도와주려고 갔다가 [   ] 폐만 끼쳤다.

젓가락 삼국지

① 젓가락의 모양은 그 나라의 식사 문화를 보여 준다. 젓가락은 고대 중국에서 사용하기 시작하여 한국, 일본으로 전해져 각자의 문화에 맞게 변화하였다. 지금은 세 나라의 젓가락이 크게 차이가 없지만 그 기원을 찾아 올라가면 조금씩 다른 사실을 발견할 수 있다.

② 중국은 한국, 중국, 일본 중에 가장 먼저 젓가락을 사용하기 시작하였다. 왕실에서는 최고급 상아, 금, 은 등으로 젓가락을 만들었지만, 일반 가정에서는 나무로 젓가락을 만들어 사용하였다. 중국의 젓가락은 세 나라 가운데 길이가 가장 길다. 이는 중국 특유의 식사 문화 때문인데, 커다란 식탁 가운데에 음식을 두고 여럿이 둘러앉아 음식을 먹으려면 길이가 긴 젓가락이 필요하였다. 중국의 젓가락은 굵고 끝이 뭉뚝한 편이다. 기름지고 크기가 큰 음식이 많아서 이러한 음식을 집을 때 미끄러지지 않게 하기 위해서였다.

③ 한국은 반찬을 집을 때에는 젓가락을 사용하고, 밥과 국을 뜰 때에는 숟가락을 사용하였다. 주로 놋쇠, 은과 같은 금속으로 젓가락을 만들었다. 한국의 상에는 김치나 젓갈처럼

수분이 많은 음식이 자주 올라서 물이 잘 스며드는 나무 젓가락 대신 금속 젓가락을 사용한 것이다. 한국의 젓가락은 세 나라 가운데 중간 길이이고, 끝이 약간 납작하다. 가족이 함께 앉아 밥을 먹기는 하지만 상 크기가 중국처럼 커다란 것은 아니기 때문에 젓가락이 길 필요가 없었다. 그리고 나물, 김치, 콩자반, 전 등 다양한 반찬을 먹는데, 이러한 반찬들을 집기에는 무게가 나가면서 힘이 정확하게 전달되는 금속 젓가락이 더 적합하였다. 또한 김치, 깻잎과 같이 두께가 얇은 반찬을 집기 위해서는 끝이 약간 납작한 모양이 적절하였다.

4 그럼, 일본은 어떤 재질과 모양의 젓가락을 사용할까? 일본은 바다로 둘러싸여 있는 섬나라이므로 사철 습기가 많다. 이러한 환경에서는 녹이 스는 금속보다 나무 젓가락이 적합하였다. 일본의 젓가락은 길이가 짧고 끝이 뾰족하다. 각자의 음식을 따로 먹으며 밥그릇을 들고 먹는 식사 문화 때문에 길이가 짧은 젓가락을 사용하였다. 그리고 섬나라 특성상 상에 자주 오르는 생선의 가시를 잘 바르기 위해서는 끝이 뾰족한 편이 적절하였다.

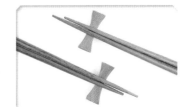

◆ **고대**: 역사에서, 중세 이전의 시대
◆ **기원**: 사물이나 현상이 처음으로 생겨난 본바탕
◆ **상아**: 코끼리의 위턱에 나서 입 밖으로 길게 뻗어 나온 두 개의 엄니
◆ **특유**: 어떤 사물만이 특별히 가지고 있음
◆ **뭉뚝한**: 아주 짧고 무딘

❱❱ 글 **내용** 한눈에 보기 •••

	중국	한국	일본
식사 문화	• 커다란 식탁 가운데에 음식을 두고 여럿이 둘러앉아 먹음 • 기름지고 크기가 큰 음식을 많이 먹음	• 중국보다는 작은 밥상에 가족이 함께 앉아 먹음 • **1** ㅅ ㄱ ㄹ 과 함께 젓가락을 사용함	• 각자의 음식을 따로 먹고 밥그릇을 들고 먹음 • **2** ㅅ ㅅ 을 반찬으로 많이 먹음
젓가락 재질	상아, 금, 은, **3** ㄴ ㅁ	놋쇠, 은 같은 **4** ㄱ ㅅ	나무
젓가락 모양	길이가 길고 끝이 뭉뚝함	중간 길이에 끝이 약간 납작함	길이가 짧고 끝이 뾰족함

01 이 글에 대한 설명으로 알맞은 것을 골라 보세요.

1 기름지고 크기가 큰 음식을 집기 위해서는 [가는 / **굵은**] 젓가락이 좋다.

2 생선 가시를 바르기 위해서는 젓가락의 끝이 [**뾰족한** / 뭉뚝한] 것이 적절하다.

3 깻잎과 같이 두께가 얇은 음식을 집기 위해서는 젓가락의 끝이 [**납작한** / 둥그스름한] 것이 적절하다.

02 이 글에서 다루고 있지 <u>않은</u> 내용은 무엇일까요? [✎   ]

① 한국, 중국, 일본의 식사 문화
② 한국, 중국, 일본의 젓가락 길이
③ 한국, 중국, 일본에서 먹는 반찬
④ 한국, 중국, 일본의 젓가락 재질
⑤ 한국, 중국, 일본의 도시락 문화

03 한국의 젓가락에 대한 설명으로 알맞은 것은 무엇인가요? [✎   ]

① 나무로 만들어서 무게가 가볍다.
② 밥과 국을 함께 먹기에 알맞은 형태이다.
③ 습도가 높은 자연환경에 적합한 재질을 사용했다.
④ 커다란 식탁의 먼 곳에 있는 음식을 집기에 적절한 길이이다.
⑤ 수분이 많은 음식을 자주 먹기 때문에 물이 잘 스미지 않는 재질을 사용했다.

04 이 글을 읽고 난 후의 생각으로 알맞지 <u>않은</u> 것은 무엇일까요? [✎   ]

① 젓가락의 모양은 각 나라의 식사 문화와 관련이 있다.
② 젓가락의 길이는 상의 크기, 음식과의 거리와 관련이 있다.
③ 젓가락의 끝 모양은 음식의 크기, 형태, 종류와 관련이 있다.
④ 젓가락의 길이는 중국이 가장 길고, 한국과 일본 순으로 짧다.
⑤ 젓가락의 재질은 세 나라가 젓가락을 사용하기 시작한 순서와 관련이 있다.

05 이 글의 중심 내용을 한 문장으로 완성해 보세요.

중국, 한국, 일본의 젓가락 모양이 조금씩 다른 이유는 ✎＿＿＿＿＿＿＿＿＿＿ 에 맞게 젓가락의 모양이 변화했기 때문이다.

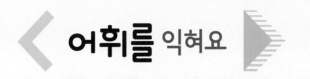
01 다음 낱말의 뜻을 찾아 바르게 연결해 보세요.

1 고대 •　　　　　• ㄱ 역사에서, 중세 이전의 시대

2 기원 •　　　　　• ㄴ 어떤 사물만이 특별히 가지고 있음

3 특유 •　　　　　• ㄷ 사물이나 현상이 처음으로 생겨난 본바탕

02 제시된 뜻과 예문을 참고하여 다음 초성에 해당하는 낱말을 빈칸에 쓰세요.

1 ㅅ ㅊ : 봄 · 여름 · 가을 · 겨울의 네 철

예 우리나라는 (　　　　　)의 변화가 분명하게 나타난다.

2 ㅅ ㅇ : 코끼리의 위턱에 나서 입 밖으로 뿔처럼 길게 뻗어 나온 두 개의 엄니

예 (　　　　　)를 좋아하는 인간들 때문에 코끼리가 수난을 당하고 있다.

03 다음 문장에 들어갈 알맞은 낱말을 보기 에서 찾아 쓰세요.

보기
바르다　　　둘러앉다　　　뭉뚝하다　　　적합하다

1 뾰족한 젓가락은 생선의 가시를 [　　　]기가 쉽다.

2 식구들이 밥상에 [　　　　]아 도란도란 이야기를 나누었다.

3 아버지께서는 매일 밤마다 [　　　]한 연필을 뾰족하게 깎아 주셨다.

04 골칫거리가 된 플라스틱

❶ 현대인의 삶은 플라스틱과 떼려야 뗄 수가 없다. 옷, 신발, 가방, 텔레비전, 자동차 등 플라스틱이 쓰이지 않는 곳이 없을 정도이다. 값이 싸면서 실용적인 플라스틱이 문제가 되는 이유는 플라스틱이 잘 썩지 않는 물질이라는 데 있다. 플라스틱이 분해되려면 500년 혹은 그 이상의 기간이 걸린다고 한다. 게다가 우리의 생각과 달리 재활용되는 플라스틱의 양은 그리 많지 않다. 그나마 수거된 플라스틱 쓰레기는 태우거나 매립장에 묻지만, 그렇지 않은 것은 지구 곳곳을 떠돌아다니며 지구를 병들게 하고 있다.

❷ 바다 어딘가에는 '플라스틱 섬'이라는 곳이 있다. 우리가 버린 쓰레기는 해류의 순환을 타고 바다를 떠다니다가 일정한 구역에 모인다. 이렇게 모인 쓰레기 더미는 거대한 섬을 이루는데, 이 섬에 모인 쓰레기의 90% 이상이 플라스틱이라고 한다. 이러한 플라스틱 섬은 바다를 오염하고, 동물과 자연을 병들게 한다.

❸ 가장 위험한 것은 미세 플라스틱이다. 미세 플라스틱은 5mm 미만의 작은 플라스틱으로, 너무 작아 하수 정화 시설에서 걸러지지 않고 강과 바다로 그대로 흘러든다. 바다를 떠다니는 동안 더 잘게 부서진 미세 플라스틱은 결국 해양 동물에게 해를 끼친다. 실제로 바닷새인 앨버트로스는 물론 여러 해양 동물들이 죽었을 때, 뱃속에 플라스틱이 가득 차 있었다고 한다. 플라스틱 조각이 얼마나 위험한 것인지 모른 채 먹이인 줄 알고 삼킨 것이다.

❹ 미세 플라스틱은 이처럼 해양 동물에게만 위험한 것이 아니다. 생선과 같은 어류나 조개류, 갑각류의 소화 기관에 남아 우리의 식탁에 오르기 때문이다. 미세 플라스틱을 먹은 플랑크톤을 작은 물고기나 조개가 먹는데, 그것들은 더 큰 물고기에게 잡아먹혀서 결국 사

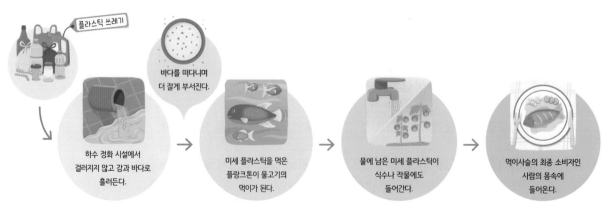

▲ 사람이 미세 플라스틱을 섭취하게 되는 경로

람의 입속까지 들어오게 된다. 최근 한 연구 결과에 따르면 우리가 먹는 음식 외에 사람들이 미세 플라스틱을 가장 많이 섭취하는 경로가 식수라고 한다. 늘 마시는 물도 안전하지 않은 것이다. 이렇게 우리 몸속에 들어온 미세 플라스틱은 몸속의 어떤 기관으로도 침투할 수 있어 우리 몸에 나쁜 영향을 미칠 수 있다.

5 플라스틱은 이미 우리 생활 곳곳에 자리잡고 있어서 플라스틱을 전혀 사용하지 않는 것은 어려울 것이다. 그렇다면 플라스틱 사용을 줄여 보는 것은 어떨까? 우리가 쓰는 플라스틱의 대부분은 일회용품이다. 일회용 컵이나 일회용 비닐봉지처럼 말이다. 일회용 컵 대신 머그컵이나 텀블러를 사용할 수 있고, 일회용 비닐봉지 대신 종이나 천으로 된 가방을 사용할 수 있다. 또 어쩔 수 없이 플라스틱을 사용했다면 재활용될 수 있도록 잘 분리해서 버리는 것도 중요하다. 플라스틱 병은 내용물을 모두 비우고 깨끗하게 씻어서 내놓아야 한다. 뚜껑이나 라벨이 병의 재질과 다르다면 따로 버려야 한다. 우리의 이런 작은 실천이 모인다면 어쩌면 저 바다 위 거대한 플라스틱 섬을 없앨 수도 있지 않을까?

◆ **해류**: 일정한 방향과 속도로 이동하는 바닷물의 흐름
◆ **순환**: 주기적으로 자꾸 되풀이하여 돎. 또는 그런 과정

≫ 글 내용 한눈에 보기 ●●●

플라스틱이 주는 피해 1	플라스틱이 주는 피해 2	플라스틱이 주는 피해 3
• **1** [ㅂ][ㄷ]로 흘러간 플라스틱은 썩지 않고 거대한 플라스틱 섬을 이룸 • 플라스틱이 바다를 오염하고, 동물과 자연을 병들게 함	• 많은 해양 동물이 **2** [ㅁ][ㅅ] 플라스틱을 먹이로 착각하여 먹고 있음 • 미세 플라스틱을 먹은 물고기나 조개 등을 사람이 먹음	음식이나 **3** [ㅅ][ㅅ]를 통해 섭취한 미세 플라스틱이 우리 몸속 기관에 침투하여 나쁜 영향을 줄 수 있음

4 [ㅍ][ㄹ][ㅅ][ㅌ] 사용을 줄이자.

내용 이해
01 이 글에 대한 설명으로 알맞은 것을 골라 보세요.

1 플라스틱이 문제가 되는 이유는 플라스틱이 잘 [썩지 / 쓰이지] 않기 때문이다.

2 사람들은 먹는 음식 외에 [공기 / 식수]에서 미세 플라스틱을 가장 많이 섭취한다.

내용 비판
02 이 글을 읽는 방법으로 알맞지 <u>않은</u> 것은 무엇일까요? [✐]

① 플라스틱 섬의 모습을 상상하며 읽는다.
② 플라스틱이 만들어지는 과정을 정리하며 읽는다.
③ 플라스틱이 문제가 되는 이유를 파악하며 읽는다.
④ 미세 플라스틱이 어떻게 이동하는지 생각하며 읽는다.
⑤ 미세 플라스틱이 사람에게 어떤 영향을 주는지 파악하며 읽는다.

내용 추론
03 글쓴이가 플라스틱 사용과 관련하여 제시한 방법으로 알맞지 <u>않은</u> 것은 무엇일까요? [✐]

① 플라스틱 제품을 한꺼번에 여러 개 구입하여 빨리 쓴다.
② 시장에 갈 때에는 천으로 만든 장바구니를 가지고 간다.
③ 일회용 플라스틱 컵 대신 머그컵을 사용하여 음료를 마신다.
④ 플라스틱 병을 사용한 뒤에는 내용물을 비우고 깨끗하게 닦아서 내놓는다.
⑤ 플라스틱 병을 버릴 때 라벨이나 뚜껑 등 재질이 다른 것은 분리해서 버린다.

중심 내용 쓰기
04 이 글의 중심 내용을 한 문장으로 완성해 보세요.

플라스틱은 동물과 자연, 사람에게 나쁜 영향을 미치므로 ✐ _____
_____ 한다.

01 다음 낱말의 뜻을 찾아 바르게 연결해 보세요.

| ❶ 경로 | • | • | ㉠ 먹을 용도의 물 |

| ❷ 식수 | • | • | ㉡ 일이 진행되는 방법이나 순서 |

| ❸ 순환 | • | • | ㉢ 주기적으로 자꾸 되풀이하여 돎. 또는 그런 과정 |

02 제시된 뜻과 예문을 참고하여 다음 초성에 해당하는 낱말을 빈칸에 쓰세요.

❶ [ㅅ][ㄱ] : 다 쓴 물건 따위를 거두어 감

예 어린이 봉사대가 쓰레기 (   )에 나섰다.

❷ [ㅁ][ㄹ][ㅈ] : 쓰레기나 폐기물 따위를 땅속에 파묻는 곳

예 우리 지역에 쓰레기 (   )이 지어진다고 한다.

❸ [ㅇ][ㅇ] : 공기나 물, 환경 따위가 더러워지거나 해로운 물질에 물듦

예 우리나라는 중금속 (   )이 심한 어패류의 판매를 금지하였다.

03 다음 문장에 들어갈 알맞은 낱말을 보기에서 찾아 쓰세요.

> **보기**
>
> 더미   분리   섭취   침투

❶ 진수는 쓰레기 [ ][ ]를 뒤져 잃어 버린 일기장을 찾았다.

❷ 건강을 유지하기 위해서는 식품의 균형 있는 [ ][ ]가 필요하다.

지방, 너무 미워하지 마세요

1 삼겹살, 프라이드치킨, 돈가스의 공통점은 무엇일까? 바로 지방이 많은 음식이라는 점이다. 많은 사람들이 지방은 왠지 몸에 좋지 않고 살만 찌우기 때문에 피해야 할 대상으로 여긴다. 그러나 지방은 우리 몸에 꼭 필요한 필수 영양소 중 하나이다. 지방이 왜 필요한지, 지방의 종류에는 무엇이 있는지 알아보자.

2 지방이 우리 몸에 필요한 이유는 첫째, 신체 조직을 구성하고 보호하기 때문이다. 뇌의 80%가 지방으로 만들어져 있을 뿐만 아니라, 세포를 보호하는 세포막과 우리 몸을 조절하는 호르몬의 재료로 지방이 활용된다. 건강한 피부와 윤기 있는 머리카락을 유지하는 데에도 지방의 역할이 크다. 피부밑에 있는 피하 지방은 몸의 열이 빠져나가는 것을 막고, 몸속의 장기를 외부의 충격으로부터 보호해 준다. 둘째, 지방은 우리 몸의 효율적인 에너지원이 된다. 탄수화물과 단백질이 1g당 4kcal의 열량을 내는 반면, 지방은 1g당 9kcal의 열량을 낸다. 지방이 다른 영양소보다 에너지 효율이 월등히 높은 것이다. 셋째, 지방은 지용성 비타민 흡수에 도움을 준다. 당근, 브로콜리, 시금치 등과 같은 지용성 비타민이 풍부한 채소는 생채소로 먹는 것보다 기름에 볶아 먹으면 영양소의 체내 흡수율을 더 높일 수 있다.

3 한편, 지방이라고 해서 다 같은 지방이 아니다. 지방은 크게 포화지방산과 불포화지방산으로 나뉜다. 먼저 포화지방산은 상온에서 딱딱하게 굳어 있는 고체 형태의 기름으로, 주로 동물성 식품에서 섭취할 수 있다. 소기름, 돼지기름, 버터, 우유, 치즈, 팜유 등에 많이 들어 있다. 포화지방산은 우리 몸에 필요한 열량을 만들어 주기 때문에 임산부나 성장기 어린이, 수술 후 회복 중인 사람이라면 꼭 섭취해야 한다. 그러나 과다 섭취하면 비만의 원인이 되고 나쁜 콜레스테롤 수치를 높여 각종 질환을 유발한다.

4 불포화지방산은 상온에서 액체 상태의 기름으로, 주로 식물성 식품에서 섭취할 수 있다. 식용유, 올리브유, 들기름 등에 많이 들어 있다. 단일 불포화지방산은 혈액 속 콜레스테롤의 농도를 낮춰 각종 혈관 질환의 위험을 감소시킨다. 또 심혈관계 환자의 혈압을 내리거나 뇌졸중을 예방하고 회복하는 데 도움을 준다. 그런데 불포화지방산을 고체 상태로 보관하기 위해 열을 가해 가공하면 트랜스 지방이 생성된다. 트랜스 지방은 나쁜 콜레스테롤의 수치를 높이고 좋은 콜레스테롤의 수치를 낮춘다. 따라서 트랜스 지방이 많이 든 베이컨, 과자, 빵, 도넛, 감자튀김 등의 가공식품은 심장병, 암, 당뇨병, 알레르기 등을 일으키는 원인이 된다.

5 그렇다면 지방을 건강하게 먹는 방법은 무엇일까? 가장 중요한 것은 적정량을 지켜 섭취해야 한다는 것이다. 지방은 하루 총 섭취 열량의 15~25%, 약 50~55g 정도 섭취하기를 권장한다. 그리고 포화지방산과 불포화지방산을 균형 있게 먹어야 한다. 우리 몸에 꼭 필요한 지방, 극단적으로 제한할 것이 아니라 좋은 지방을 골라 먹는 건강한 식습관을 기르도록 노력하자.

◆ **피하 지방**: 피부밑 지방
◆ **월등히**: 수준이 정도 이상으로 뛰어나게
◆ **상온**: 가열하거나 냉각하지 않은 자연 그대로의 기온

글 내용 한눈에 보기 ●●●

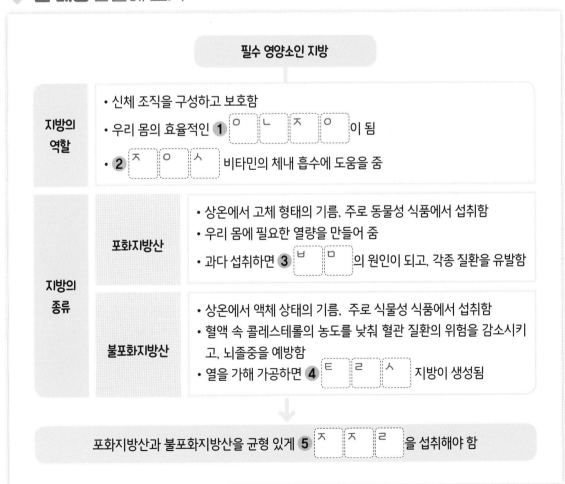

필수 영양소인 지방

지방의 역할	• 신체 조직을 구성하고 보호함 • 우리 몸의 효율적인 **1** ㅇ ㄴ ㅈ ㅇ 이 됨 • **2** ㅈ ㅇ ㅅ 비타민의 체내 흡수에 도움을 줌

지방의 종류	포화지방산	• 상온에서 고체 형태의 기름, 주로 동물성 식품에서 섭취함 • 우리 몸에 필요한 열량을 만들어 줌 • 과다 섭취하면 **3** ㅂ ㅁ 의 원인이 되고, 각종 질환을 유발함
	불포화지방산	• 상온에서 액체 상태의 기름, 주로 식물성 식품에서 섭취함 • 혈액 속 콜레스테롤의 농도를 낮춰 혈관 질환의 위험을 감소시키고, 뇌졸중을 예방함 • 열을 가해 가공하면 **4** ㅌ ㄹ ㅅ 지방이 생성됨

↓

포화지방산과 불포화지방산을 균형 있게 **5** ㅈ ㅈ ㄹ 을 섭취해야 함

글을 이해해요

내용 이해
01 다음 중 지방의 역할이 <u>아닌</u> 것은 무엇인가요? [✎   ]

① 우리 몸에 에너지를 공급한다.
② 뇌와 세포막, 호르몬을 만드는 데 활용된다.
③ 몸의 열이 빠져나가는 것을 막아 체온을 유지한다.
④ 체내에 지용성 비타민이 흡수되는 것을 막아 준다.
⑤ 피부와 머리카락을 건강하게 유지하는 데 도움을 준다.

내용 추론
02 다음은 지방의 종류와 특징에 대해 정리한 것입니다. 빈칸에 들어갈 알맞은 말을 쓰세요.

①	우리 몸에 필요한 열량을 만들어 주지만, 과다하게 섭취하면 비만의 원인이 되고 각종 질환을 유발함
②	각종 혈관 질환의 위험을 감소시키고, 뇌졸중의 예방 및 회복에 도움을 줌
③	불포화지방산을 고체 상태로 보관하기 위해 열을 가해 가공할 때 생성되는 것으로, 나쁜 콜레스테롤 수치를 높이고 좋은 콜레스테롤 수치를 낮춰 우리 몸에 해로움

내용 비판
03 이 글을 읽은 학생의 반응으로 적절하지 <u>않은</u> 것은 무엇일까요? [✎   ]

① 민준: 하루에 필요한 적정량의 지방을 먹도록 해야겠어.
② 진우: 지방을 무조건 먹지 않으려고 했던 생각을 버려야겠어.
③ 예은: 포화지방산이 들어 있는 음식을 되도록 많이 섭취해야겠어.
④ 하율: 가공하지 않은 불포화지방산이 들어 있는 음식을 섭취해야겠어.
⑤ 준서: 포화지방산과 불포화지방산을 균형 있게 먹을 수 있도록 식단을 구성해야겠어.

중심 내용 쓰기
04 이 글의 중심 내용을 한 문장으로 완성해 보세요.

> 필수 영양소인 지방은 우리 몸에서 여러 가지 중요한 역할을 수행하고 있으므로, 포화지방산과 불포화지방산을   을 섭취해야 한다.

01 다음 낱말의 뜻을 찾아 바르게 연결해 보세요.

1 상온 •　　　　　• ㄱ 몸의 내부

2 장기 •　　　　　• ㄴ 내장의 여러 기관

3 체내 •　　　　　• ㄷ 가열하거나 냉각하지 않은 자연 그대로의 기온

02 다음 문장에 들어갈 알맞은 낱말을 골라 ○ 표시를 하세요.

1 임신 중의 간접흡연은 기형아 출산을 [유해 / 유발]할 수 있다.

2 일 년 내내 반장으로서 역할을 책임감 있게 [수행 / 위협]하려고 노력했다.

03 제시된 뜻과 예문을 참고하여 다음 초성에 해당하는 낱말을 빈칸에 쓰세요.

1 ㅇ ㄷ ㅎ : 수준이 정도 이상으로 뛰어나게

　　예 윤주는 성적이 (　　　　　　) 좋아서 장학금을 받았다.

2 ㄱ ㅈ : 어떤 일을 하라고 권하여 힘쓰도록 북돋워 줌

　　예 이번 달의 (　　　　　　) 도서는 『어린 왕자』이다.

3 ㅈ ㅂ : 탄수화물, 단백질과 함께 3대 영양소 중의 하나로, 우리의 몸에서 열과 힘을 내는 데 쓰이는 중요한 영양소임

　　예 다이어트를 하려면 (　　　　　　)이 많이 함유된 음식을 피해야 한다.

06 까마귀는 억울해

① 우리나라에는 까마귀와 관련된 속담이 많다. "까마귀 고기를 먹었나", "식전 마수에 까마귀 우는 소리", "까마귀 날자 배 떨어진다" 몇 개만 떠올려 보아도 까마귀와 관련된 속담은 부정적인 뜻이 많은 것을 알 수 있다. 사람들은 흔히 까치가 울면 좋은 일이 생기거나 반가운 손님이 찾아온다고 믿는 것과 반대로 까마귀가 울면 불길한 일이 생긴다고 여긴다. 이처럼 까마귀는 사람들에게 불길한 징조를 안고 있는 동물로 인식되어 꺼리는 새가 되었다.

② 까마귀는 한자로 '烏(까마귀 오)'라고 쓴다. 몸빛이 까매서 까마귀의 눈이 보이지 않는다고 하여 '鳥(새 조)'자에서 가로획 하나를 빼서 만든 글자이다. 글자의 형성에서도 알 수 있듯이 까마귀는 온몸이 매우 검고, 덩치도 까치보다 크다. 울음소리도 다른 새들에 비해 무섭고 위협적으로 느껴지는데 이런 점들 때문에 사람들에게 부정적인 느낌을 주었다는 의견이 있다. 또 옛날에 죽을 정도로 아픈 사람이 있으면 음식을 차리고 굿을 했는데, 새 중에서 후각이 특히 발달한 까마귀가 멀리서 음식 냄새를 맡고 모여들었다고 한다. 사람들은 그 모습을 보고 사람이 죽거나 나쁜 일이 생긴 것을 까마귀 탓으로 여겼다. 오해에서 시작되었지만, 까마귀를 여전히 흉조(凶鳥)로 생각하는 사람들이 많다.

③ 그러나 까마귀는 새 중에서도 매우 영리한 것으로 알려져 있다. 이솝 우화에 까마귀가 병 속에 물이 조금밖에 남아 있지 않자, 돌멩이를 넣어 물이 위로 올라오도록 하여 편하게 물을 마셨다는 이야기가 있다. 실제로 영국에서 부리가 닿지 않는 병 속에 물과 벌레를 넣어 물에 떠 있는 벌레를 까마귀가 먹을 수 있는지 실험을 했다. 그런데 까마귀는 옆에 있는 돌을 넣어 병 속의 수위를 높여 벌레를 건져 먹었다고 한다. 그리고 까마귀는 40여 가지의 소리로 서로 소통한다. 상황에 따라 다양한 소리를 내어 경계, 위협, 구애 등을 표현할 수 있다. 까마귀는 말로 소통하면 되기 때문에 다른 새들처럼 화려한 털 색깔을 자랑하거나 구애의 춤을 출 필요가 없는 것이다.

④ 한편 까마귀는 효심이 지극한 새로, '반포조(反哺鳥)' 또는 '효조(孝鳥)'라고도 불린다. '반포'라는 말은 어미가 물어다 준 먹이를 먹고 자란 새가 그 어미를 '되먹인다'라는 뜻에서 나왔다. 까마귀는 태어난 지 60일이 될 때까지는 어미의 보살핌을 받아야 자립할 수 있다고 한다. 그런데 어미가 늙어 날지 못하여 먹이 활동을 못하면, 다른 새들은 일주일도 못

가서 굶어 죽지만 까마귀는 거의 두 달 동안 새끼가 먹이를 구해 와 어미를 모신다고 한다. 은혜를 잊지 않고 어미에게 효성을 베푸는 까마귀에 빗대어, 지극한 효도를 '반포지효(反哺之孝)'라고 표현한다.

5 이처럼 까마귀는 사람들의 부정적인 인식과 달리 은혜를 알고 영리하기까지 한 새이다. 까마귀에 대한 부정적 이미지는 어쩌면 사람들의 오해와 편견이 만들어 낸 것이 아닐까? 앞으로는 까마귀를 보면 '불길하다'고 여기지 말고 반갑게 맞이해 보자.

◆ **식전:** 식사하기 전
◆ **마수:** ① 처음에 팔리는 것으로 미루어 예측하는 그날의 장사 운 ② 맨 처음으로 물건을 파는 일
◆ **징조:** 어떤 일이 생길 기미
◆ **굿:** 무당이 음식을 차려 놓고 노래를 하고 춤을 추며 귀신에게 인간의 길흉화복을 조절하여 달라고 비는 의식
◆ **흉조:** 관습적으로 불길한 일을 가져온다고 여기는 새
◆ **경계:** 뜻밖의 사고가 생기지 않도록 조심하여 단속함
◆ **구애:** 이성에게 사랑을 구함

❤ 글 내용 한눈에 보기 ●●●

글을 이해해요

내용 이해

01 이 글에 대한 설명으로 알맞은 것을 골라 보세요.

1 예부터 까마귀는 사람들에게 [불길한 / 유익한] 징조를 알리는 새로 인식되었다.

2 까마귀는 40여 가지의 소리를 내어 다른 까마귀들과 서로 [경계 / 소통]할 수 있다.

내용 이해

02 다음 중 까마귀에 대한 설명으로 알맞지 <u>않은</u> 것은 무엇인가요?

① 새 중에서도 후각이 특히 발달하였다.
② 도구를 사용할 정도로 매우 영리하다.
③ 화려한 털 색깔을 자랑하며 구애 활동을 한다.
④ '반포조(反哺鳥)' 또는 '효조(孝鳥)'라고도 불린다.
⑤ 까마귀의 새끼는 어미가 약 60일 동안 먹이를 물어다 키워야 자립할 수 있다.

내용 추론

03 다음 중 까마귀의 의미가 <u>다르게</u> 쓰인 표현은 무엇일까요? [ ]

① 까마귀 고기를 먹었나
② 까마귀 날자 배 떨어진다
③ 식전 마수에 까마귀 우는 소리
④ 까마귀도 칠월 칠석은 안 잊어버린다
⑤ 아침에 까치가 울면 좋은 일이 있고 밤에 까마귀가 울면 나쁜 일이 있다

중심 내용 쓰기

04 이 글의 중심 내용을 한 문장으로 완성해 보세요.

까마귀는 사람들에게 흉조로 인식되어 왔지만, 도구를 사용할 줄 알고 다양한 소리로 소통하는 등 , '반포조'라고도 불리는 ⌀_____ 새이다.

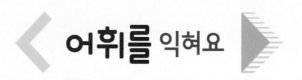

01 다음 낱말의 뜻을 찾아 바르게 연결해 보세요.

1 경계 •　　　• ㄱ 어떤 일이 생길 기미

2 징조 •　　　• ㄴ 뜻밖의 사고가 생기지 않도록 조심하여 단속함

3 흉조 •　　　• ㄷ 관습적으로 불길한 일을 가져온다고 여기는 새

02 제시된 뜻과 예문을 참고하여 다음 초성에 해당하는 낱말을 빈칸에 쓰세요.

1 ㅅ ㅈ : 식사하기 전

예 (　　　　　)에 운동을 하였더니 밥맛이 좋다.

2 ㅇ ㅎ : 고맙게 베풀어 주는 신세나 혜택

예 사람이 (　　　　　)에 보답할 줄 모르면 짐승과 다를 바가 없다.

3 ㅍ ㄱ : 공정하지 못하고 한쪽으로 치우친 생각

예 (　　　　　)을 가지고 함부로 사람을 판단해서는 안 된다.

03 다음 문장에 들어갈 알맞은 낱말을 **보기**에서 찾아 쓰세요.

보기

구애　　　불신　　　오해　　　효성

1 이성을 향한 ☐☐ 의 행동은 동물들의 자연스러운 본능이다.

2 화해하고 싶다면 먼저 서로에 대한 ☐☐ 를 없애도록 노력해야 한다.

3 '반포지효(反哺之孝)'란 까마귀 새끼가 자라서 늙은 어미에게 먹이를 물어다 주는 효(孝)라는 뜻으로, 자식이 자란 후에 어버이의 은혜를 갚는 ☐☐ 을 이르는 말이다.

디지털 기술로 문화재를 지키다

1 문화재는 그 문화재가 가지고 있는 고유한 성질 자체가 가치 있는 것이기 때문에 원형 그대로 '보존'하는 것이 중요하다. 그렇지만 사람의 힘으로 문화재의 크고 작은 훼손을 모두 막아 내기란 역부족이다. 그래서 훼손 정도가 심각한 문화재는 '복원'하는 작업을 거친다. 초창기 문화재 복원 작업은 단순히 그림 위에 물감을 덧칠하는 수준이었으나 점차 보존성을 높이는 화학 약품을 사용하는 방식으로 발전하였다. 오늘날에는 과학 기술이 발달하면서 문화재를 보존 및 복원하는 데에 디지털 기술을 활용하고 있다. 문화재 보존 및 복원에 쓰이는 대표적 디지털 기술로는 X선 촬영, 3차원 스캐닝, 컴퓨터 그래픽 등이 있다.

2 X선 촬영은 주로 문화재 복원의 기초 작업인 문화재 검사 단계에서 활용한다. X선을 비롯한 적외선, 자외선으로 문화재를 투사하여 촬영하면 문화재를 훼손하지 않고도 내부

▲ 칠초 동검 X선 촬영

구조와 상태, 재료의 종류나 두께 등을 알아낼 수 있다. 청동기 시대의 것으로 추정되는 칠초 동검이 발견되었을 때, 칼집의 일부가 파손되거나 변형되어 안에 끼워져 있던 칼을 분리할 수 없었다. 이때 X선 촬영으로 칼집의 내부 구조 및 칼과 칼집의 결합 상태를 확인하였고, 무사히 둘을 분리할 수 있었다. 이처럼 X선 촬영은 문화재 복원에 큰 도움이 된다.

3 3차원 스캐닝은 레이저 광선을 이용하여 이 빛이 대상물을 맞히고 반사되어 돌아오는 시간을 계산하여 공간 구조를 파악하는 기술이다. 이 기술은 에너지가 낮은 가시광선을 이용하는 데다가 유물을 직접 만지지 않고도 그 형태를 파악할 수 있어 문화재 훼손을 줄이는 효과가 있다. 또한 문화재의 정보를 디지털화하여 컴퓨터에 저장하기 때문에 언제든지 수정하고 재가공할 수 있다. 최근에는 3차원 프린팅 기술까지 더해져 컴퓨터에서 모형화한 것을 출력하여 입체적인 형태로 확인할 수 있게 되었다.

4 디지털 기술이 빛을 발하는 분야는 무형 문화재 보존이다. 무형 문화재는 형체가 없기 때문에 그 기능을 갖고 있는 사람 자체가 대상이 된다. 지금까지는 무형 문화재 대부분이 후계자를 통해 이어져 왔고, 간간이 녹화 보존을 해 왔다. 하지만 이런 방식은 후계자가 없으면 그 맥이 끊길 위험이 있다. 이제는 컴퓨터 그래픽 기술을 통해 무형 문화재를 보존할 수 있다. 예를 들어 탈춤 기술 보유자가 전신에 센서를 달고 탈춤을 추면, 그 센서에서 나온

정보를 수십 대의 적외선 카메라가 받아 3차원 영상으로 만들어 낸다. 이렇게 만들어진 탈춤의 춤 동작을 디지털화하여 컴퓨터에 저장하는 방식으로 무형 문화재를 보존할 수 있다.

5 최근에는 문화재를 디지털로 복원하는 일이 활발해지면서 디지털 박물관이 생기고 있다. 디지털 박물관을 활용하면 직접 미술관이나 박물관을 가지 않고도 디지털 자료로 만든 문화유산이나 예술 작품을 집에서 관람할 수 있다. 또한 디지털 기기를 이용하여 사라진 옛 문화재나 유적 및 무형의 유산을 가상 체험 영상으로 생생하게 볼 수도 있다. 앞으로 문화재 보존 및 복원을 위한 디지털 기술이 더욱 발전해 나간다면 인류의 문화유산이 후손 대대로 오래도록 이어져 나갈 수 있을 것이다.

◆ **보존하는**: 중요하거나 가치가 있는 것을 잘 보호하여 본래의 모습이나 상태대로 있게 하는
◆ **역부족**: 힘이나 기량 따위가 모자람
◆ **복원하는**: 원래의 상태나 모습으로 되돌려 놓는
◆ **투사하여**: 빛이 물건을 꿰뚫고 들어가서
◆ **맥**: 어떤 일이나 사물이 서로 이어져 있는 관계나 연관

⟱ 글 내용 한눈에 보기 ●●●

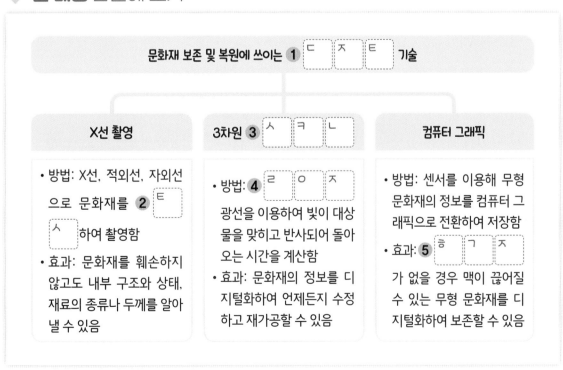

문화재 보존 및 복원에 쓰이는 **1** ⌐ㄷ⌐ ⌐ㅈ⌐ ⌐ㅌ⌐ 기술

X선 촬영
- 방법: X선, 적외선, 자외선으로 문화재를 **2** ⌐ㅌ⌐ ⌐ㅅ⌐ 하여 촬영함
- 효과: 문화재를 훼손하지 않고도 내부 구조와 상태, 재료의 종류나 두께를 알아낼 수 있음

3차원 3 ⌐ㅅ⌐ ⌐ㅋ⌐ ⌐ㄴ⌐
- 방법: **4** ⌐ㄹ⌐ ⌐ㅇ⌐ ⌐ㅈ⌐ 광선을 이용하여 빛이 대상물을 맞히고 반사되어 돌아오는 시간을 계산함
- 효과: 문화재의 정보를 디지털화하여 언제든지 수정하고 재가공할 수 있음

컴퓨터 그래픽
- 방법: 센서를 이용해 무형 문화재의 정보를 컴퓨터 그래픽으로 전환하여 저장함
- 효과: **5** ⌐ㅎ⌐ ⌐ㄱ⌐ ⌐ㅈ⌐ 가 없을 경우 맥이 끊어질 수 있는 무형 문화재를 디지털화하여 보존할 수 있음

글을 이해해요

내용 이해

01 컴퓨터 그래픽 기술을 활용하여 무형 문화재를 보존하려고 합니다. 그 과정을 정리할 때 빈칸에 들어갈 알맞은 말을 쓰세요.

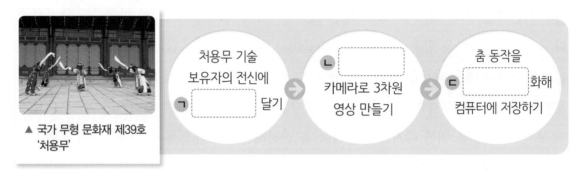

▲ 국가 무형 문화재 제39호 '처용무'

처용무 기술 보유자의 전신에
 ㄱ [　　　] 달기

➡

ㄴ [　　　]
 카메라로 3차원 영상 만들기

➡

춤 동작을
 ㄷ [　　　]화해 컴퓨터에 저장하기

내용 이해

02 3차원 스캐닝 기술에 대한 설명으로 알맞지 <u>않은</u> 것은 무엇인가요? [✎　　]

① 레이저 광선을 이용하여 대상물의 구조를 파악하는 방식이다.
② 사람이 직접 손을 대지 않으므로 문화재 훼손을 줄일 수 있다.
③ 문화재 정보를 디지털화하여 컴퓨터에 저장하여 보관할 수 있다.
④ 3차원 프린팅 기술을 접목하여 눈으로 직접 입체물을 볼 수 있다.
⑤ 저장된 정보를 수정할 수 없으므로 문화재가 변형되는 것을 막을 수 있다.

내용 비판

03 디지털 기술을 활용하여 문화재를 보존하거나 복원하는 예로 볼 수 <u>없는</u> 것은 무엇일까요? [✎　　]

① '칠초 동검'을 X선으로 촬영하여 칼과 칼집을 분리한 일
② '봉산 탈춤' 공연을 컴퓨터 그래픽으로 전환하여 저장한 일
③ 불에 타 버린 '숭례문'을 3차원 스캐닝을 이용해 원래대로 복구한 일
④ 일제 때 사라진 '돈의문(한양의 서쪽 문)'을 가상 체험 영상을 이용해 되살리는 일
⑤ 김홍도의 '풍속화첩' 위에 물감을 덧칠한 후 화학 약품을 사용하여 보존성을 높인 일

중심 내용 쓰기

04 이 글의 중심 내용을 한 문장으로 완성해 보세요.

문화재 보존 및 복원에 쓰이는 대표적 ✎ [　　　　　]로는 X선 촬영, 3차원 스캐닝, 컴퓨터 그래픽 등이 있는데, 이러한 디지털 기술의 발전은 ✎ [　　　　　] 위해 매우 중요하다.

01 다음 낱말의 뜻을 찾아 바르게 연결해 보세요.

1 보존 •

2 복원 •

3 원형 •

• ㄱ 바뀌기 이전의 원래의 모양

• ㄴ 원래의 상태나 모습으로 되돌려 놓음

• ㄷ 중요하거나 가치가 있는 것을 잘 보호하여 본래의 모습이나 상태대로 있게 함

02 제시된 뜻과 예문을 참고하여 다음 초성에 해당하는 낱말을 빈칸에 쓰세요.

1 ㅌ ㅅ : 빛이 물건을 꿰뚫고 들어감

예 요즘 병원에서는 레이저 (   )를 이용하여 화상을 진단한다.

2 ㅁ : 어떤 일이나 사물이 서로 이어져 있는 관계나 연관

예 그는 한국 전통 춤의 (   )을 잇기 위해 제자를 가르쳤다.

3 ㅁ ㅎ ㅈ : 문화적 활동으로 만들어지고 남겨진 사물로서 문화적 가치가 뛰어난 것

예 경주에는 신라의 (   )가 곳곳에 보존되어 있다.

03 다음 문장에 들어갈 알맞은 낱말을 보기 에서 찾아 쓰세요.

보기

역부족   재가공   추정하다   투사하다

1 경찰은 이번 화재의 원인을 전기 누전으로 [   ][   ]하고 있다.

2 우리 선수들은 시합에 최선을 다했으나 [   ][   ][   ]이라는 것을 인정해야만 했다.

슈퍼 문의 신비

1 밤하늘에 보름달이 떴다. 그런데 평소보다 더 크고 밝아 보인다. 이유가 뭘까? 지구가 태양 둘레를 공전하듯, 달도 지구 둘레를 돈다. 달이 지구의 둘레를 타원 모양으로 돌다 보니 어떤 때에는 지구와 가까워지기도 하고, 어떤 때에는 지구와 멀어지기도 한다. 달이 지구와 가장 가까워졌을 때 평소보다 훨씬 크고 밝게 보이는데 이를 가리켜 '슈퍼 문(super moon)'이라 한다. 그렇다면 달이 지구와 가장 멀어졌을 때는 어떨까? 이때에는 달이 평소보다 작게 보이기 때문에 '미니 문(mini moon)'이라고 부른다. 슈퍼 문은 미니 문보다 약 14% 더 크고, 약 30% 더 밝게 보인다. 슈퍼 문의 모양은 모두 보름달일까? 달이 지구와 가장 가까운 위치에 있으면서 '태양 − 지구 − 달'의 순서일 때에는 보름달 모양의 슈퍼 문을 볼 수 있다. '태양 − 달 − 지구'의 순서로 늘어서면 슈퍼 문은 그믐달 모양으로 나타난다.

2 슈퍼 문이 붉게 물드는 경우도 있다. 달이 '태양 − 지구 − 달'의 순서로 일직선상에 나란히 늘어서면 달이 지구 그늘에 완전히 가려지는 개기 월식이 나타난다. 이때 달은 지구 그늘에 가려서 태양 빛을 받지 못하는데, 빛이 완전히 차단되는 것은 아니다. 태양 빛 중에서 가장 파장이 긴 붉은빛이 지구 뒤편으로 휘어 달에 닿으면 지구에서 달이 붉게 보인다. 이때의 달을 핏빛을 뜻하는 '블러드 문(blood moon)' 또는 '레드 문(red moon)'이라고 부른다.

3 레드 문처럼 달의 이름에 색깔이 들어가는 것으로는 '블루 문(blue moon)'도 있다. 달을 기준으로 하는 음력은 1년이 354일인데, 우리가 지금 쓰고 있는 양력은 태양을 기준으로 해서 1년이 365일이다. 이렇게 매년 11일 정도 차이가 있다 보니 한 달에 보름달이 두 번 뜨는 경우가 생긴다. 이때 두 번째로 뜬 달을 블루 문이라고 부른다. 블루 문은 이름에만 색깔이 들어가 있을 뿐 실제로 달이 푸른빛을 띠는 것은 아니다.

4 슈퍼 문이 뜰 때에는 해수면이 더 높아진다. 그 이유를 이해하기 위해서는 먼저 밀물과 썰물이 생기는 원리를 알아야 한다. 지구는 남극과 북극을 이은 축을 중심으로 자전하고 있으므로 자꾸 바깥으로 나아가려는 원심력이 발생한다. 그리고 달과 지구 사이에는 서로 끌어당기는 힘인 인력이 작용한다. 달과 가까운 쪽은 달이 바닷물을 끌어당겨서 밀물이 생긴다. 동시에 달과 먼 쪽도 지구의 원심력이 더 강하게 작용하기 때문에 밀물이 생긴다. 이렇게 달이 당기는 부분과 그 반대편은 밀물이 생기고, 그 외의 부분은 썰물이 생기는 것이다. 지구는 하루에 한 번 자전하기 때문에 밀물과 썰물은 하루에 두 번씩 나타난다.

5 밀물로 해수면이 가장 높은 때를 '만조', 썰물로 해수면이 가장 낮은 때를 '간조'라고 부르고 이 높이의 차이를 '조차'라고 한다. 조차는 달이 보름달이거나 그믐달인 경우 가장 커지는데, 슈퍼 문이 뜨면 조차가 훨씬 더 커진다. 슈퍼 문이 떴다는 것은 지구와 달의 거리가 가장 가까워졌다는 뜻이다. 그만큼 달과 지구 사이에 끌어당기는 힘도 세지니 해수면이 더 높아진 것이다. 혹시라도 이때 태풍이 불어오거나 비가 내리면 해수면은 더욱 높아진다. 바다와 땅이 닿아 있는 곳의 도로나 건물 등이 물에 잠길 수도 있고, 갑자기 불어난 물에 사람이 휩쓸리거나 다칠 수도 있다. 그렇기 때문에 슈퍼 문이 뜰 때에 이로 인한 피해를 입지 않도록 나라 차원에서 피해 예상 지역에 예보를 하는 등 적극적으로 대비하고 있다.

◆ **밀물**: 육지에서 멀리 밀려났던 바닷물이 다시 육지를 향해 밀려오는 현상
◆ **썰물**: 육지 쪽으로 밀려왔던 바닷물이 다시 바다를 향해 밀려가는 현상

≫ 글 내용 한눈에 보기 ●●●

① ㅅ ㅍ ㅁ
- 달과 지구의 거리가 가장 가까워졌을 때 평소보다 훨씬 크고 밝게 보이는 달을 가리킴

② ㅂ ㄹ ㄷ 형태	그믐달 형태
'태양 – 지구 – 달'의 순서를 이룰 때	'태양 – 달 – 지구'의 순서를 이룰 때

블러드 문
- 슈퍼 문이면서 '태양 – 지구 – 달'의 순서로 일직선상에 나란히 늘어서서 개기 ③ ㅇ ㅅ 이 일어날 때 나타남
- 태양 빛 중에서 가장 ④ ㅍ ㅈ 이 긴 붉은빛이 지구 뒤편으로 휘어 달에 닿으면 지구에서 달이 붉게 보임

⑤ ㅂ ㄹ ㅁ
- 한 달에 보름달이 두 번 뜨는 경우에, 두 번째로 뜨는 달을 가리킴
- 실제로 달이 푸른빛을 띠는 것은 아님

내용 이해

01 슈퍼 문에 대한 설명으로 알맞은 것은 무엇인가요? [✐   ]

① 슈퍼 문은 달과 지구의 거리가 가장 멀 때 볼 수 있다.
② 블루 문은 실제로 달이 파랗게 보여서 붙여진 이름이다.
③ 슈퍼 문은 달이 평소보다 작게 보일 때 부르는 이름이다.
④ 블러드 문은 한 달에 보름달이 두 번 뜨는 경우에 볼 수 있다.
⑤ 달이 태양과 지구 사이에 있을 때 슈퍼 문이면 그믐달 모양이다.

내용 이해

02 태양, 달, 지구에 대한 설명으로 알맞은 것은 무엇인가요? [✐   ]

① 달과 지구의 거리는 늘 같다.
② 달은 태양의 둘레를 공전한다.
③ 달은 지구의 밀물과 썰물에 영향을 준다.
④ 달의 크기는 태양의 영향으로 커졌다 작아졌다 한다.
⑤ 달, 지구, 태양은 일직선 위에 나란히 놓이는 적이 없다.

내용 추론

03 다음 대화를 읽고, 달이 오늘 어디에 있을지 오른쪽 그림에서 찾아 그 기호를 쓰세요. [✐   ]

현우: 기쁨아, 오늘 슈퍼 문이 뜬대. 날씨도 맑아서 슈퍼 문을 직접 볼 수 있을 것 같아.

기쁨: 이번 슈퍼 문은 블러드 문이라며? 붉은 달을 볼 수 있다니 정말 기대돼.

중심 내용 쓰기

04 이 글의 중심 내용을 한 문장으로 완성해 보세요.

지구와 달의 거리가 가까워졌을 때 ✐_____이 뜨는데, 경우에 따라 블러드 문과 블루 문으로 나타나기도 한다. ✐_____이 뜨면 조차가 커져 ✐_____.

01 다음 낱말의 뜻을 찾아 바르게 연결해 보세요.

1 밀물 •　　　• ㄱ 바닷물의 표면

2 썰물 •　　　• ㄴ 육지 쪽으로 밀려왔던 바닷물이 다시 바다를 향해 밀려가는 현상

3 해수면 •　　　• ㄷ 육지에서 멀리 밀려났던 바닷물이 다시 육지를 향해 밀려오는 현상

02 제시된 뜻과 예문을 참고하여 다음 초성에 해당하는 낱말을 빈칸에 쓰세요.

1 ㅂ ㄹ ㄷ : 매달 음력 15일 밤에 뜨는 둥근달

예 (　　　　　)이 늦가을 밤하늘에 휘영청 밝게 떠 있었다.

2 ㅇ ㄹ : 달이 지구를 한 바퀴 도는 시간을 기준으로 만든 달력

예 우리나라는 1896년 1월 1일부터 (　　　　　) 대신 양력을 쓰기 시작했다.

3 ㅇ ㄹ : 지구가 태양을 한 바퀴 도는 시간을 일 년으로 하는 달력

예 이 달력에는 (　　　　　) 날짜 아래에 음력 날짜가 표시되어 있다.

4 ㄱ ㅁ ㄷ : 매달 음력 27일경 새벽에 떠서 해 뜨기 직전까지 동쪽 하늘에서 관찰이 가능한 달로, 왼쪽이 둥근 눈썹 모양임

예 (　　　　　)은 초승달과 반대 모양을 하고 있고 새벽에 잠깐 볼 수 있는 달이다.

03 다음 문장에 들어갈 알맞은 낱말을 보기에서 찾아 쓰세요.

보기

　　　간조　　　공전　　　만조　　　인력　　　자전

1 밀물과 썰물은 달의 　　　 에 의하여 생기는 현상이다.

2 지구는 자전축을 중심으로 하루에 한 번 　　　 하고, 태양을 중심으로 일 년에 한 번 　　　 한다.

09 작아서 더 무서운 미세 먼지

1 [진행자] 오늘도 전국 대부분 지역에서 미세 먼지가 기승을 부렸습니다. 서울은 벌써 10일째 '매우 나쁨' 수준이며, 충청·남부 지역은 '나쁨' 수준입니다. 미세 먼지를 관측하기 시작한 후로 미세 먼지가 가장 오래 지속되고 있습니다. 우리의 삶을 위협하는 미세 먼지. 오늘은 이 미세 먼지의 정체와 발생 원인 그리고 대처 방안을 살펴보겠습니다. 김비상 기자 의 보도입니다.

2 [기자] 서울에서 10일째 고농도 미세 먼지가 지속되는 가 운데 내일도 서울의 미세 먼지 농도는 '나쁨' 수준이 예상됩니 다. 미세 먼지가 문제를 일으키는 이유는 크기가 매우 작기 때 문입니다. 미세 먼지란 지름이 10㎛(마이크로미터) 이하인 먼 지를 말하는데 입자가 매우 작아 일반적인 먼지와 달리 코, 입안, 기관지에서 걸러지지 않 고 우리 몸 안에 쌓입니다.

[호흡기내과 전문의] 오랫동안 미세 먼지에 노출되면 면역력 이 떨어져서 비염, 천식, 기관지염, 폐암 같은 호흡기 질환 뿐만 아니라 피부 질환, 심혈관 질환 등의 여러 질병에 걸릴 수 있습니다. 세계 보건 기구(WHO)에서 미세 먼지를 구성

하는 물질 중 일부를 1급 발암 물질로 지정했을 정도로 그 위험성은 심각합니다.

3 [기자] 그렇다면 미세 먼지의 발생 원인은 무엇일까요? 먼저 국외 원인으로 중국에서 발생하는 미세 먼지를 들 수 있습니다. 우리나라와 가 까운 중국 동북 지역에는 공장 시설이 많은데, 이곳에 서 오염 물질이 대량으로 발생하고 있습니다. 아황산 가스, 질소 산화물, 납 등을 포함한 이 오염 물질은 바 람을 타고 끊임없이 우리나라로 날아옵니다.

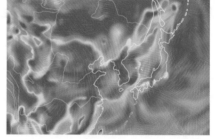

[환경 공학 연구원] 국내에서도 미세 먼지가 발생합니다. 국내에서 발생하는 미세 먼지의 원인은 석탄, 석유 등 화석 연료를 태울 때 생기는 매연과 자동차 배기가스, 건설 현장에서 발생하는 날림 먼지 등입니다. 서울, 부산, 인천 등 대도시와 공업 단지에서 미세 먼지 수 치가 높은 것을 보면 이를 알 수 있습니다.

4 **[기자]** 우리나라는 미세 먼지 문제에 대처하기 위해 국가 차원에서 많은 노력을 하고 있습니다. 차량 2부제를 실시하고 천연가스 버스 운행을 늘리고 있습니다. 또, 대중교통을 이용하도록 권장하는 등 여러 가지 방법을 시도하고 있습니다. 개개인의 노력도 필요합니다. 미세 먼지 수치가 높은 날에는 되도록 밖에 나가지 않는 것이 좋지만, 만약 외출할 때에는 식품 의약품 안전처에서 인증한 보건용 마스크를 착용하고, 외출 후 집에 들어오면 손과 얼굴을 깨끗이 씻어야 합니다. 지금까지 한국 뉴스 김비상이었습니다.

◆ **기승:** 기운이나 힘 따위가 성해서 좀처럼 누그러들지 않음
◆ **지속되고:** 어떤 상태가 오래 계속되고
◆ **정체:** 사물이나 사람이 본디 지니고 있는 형상
◆ **보도:** 대중 전달 매체를 통하여 일반 사람들에게 새로운 소식을 알림
◆ **μm(마이크로미터):** 매우 작은 길이를 나타내는 단위로, 1μm는 0.001mm에 해당함

❱❱ 글 내용 한눈에 보기 ●●●

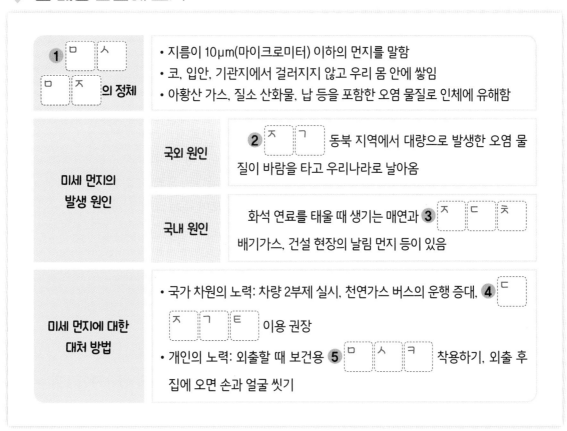

1 ㅁ ㅅ ㅁ ㅈ 의 정체	• 지름이 10μm(마이크로미터) 이하의 먼지를 말함 • 코, 입안, 기관지에서 걸러지지 않고 우리 몸 안에 쌓임 • 아황산 가스, 질소 산화물, 납 등을 포함한 오염 물질로 인체에 유해함	
미세 먼지의 발생 원인	국외 원인	**2** ㅈ ㄱ 동북 지역에서 대량으로 발생한 오염 물질이 바람을 타고 우리나라로 날아옴
	국내 원인	화석 연료를 태울 때 생기는 매연과 **3** ㅈ ㄷ ㅊ 배기가스, 건설 현장의 날림 먼지 등이 있음
미세 먼지에 대한 대처 방법	• 국가 차원의 노력: 차량 2부제 실시, 천연가스 버스의 운행 증대, **4** ㄷ ㅈ ㄱ ㅌ 이용 권장 • 개인의 노력: 외출할 때 보건용 **5** ㅁ ㅅ ㅋ 착용하기, 외출 후 집에 오면 손과 얼굴 씻기	

글을 이해해요

내용 이해

01 이 뉴스에서 전달하는 내용이 <u>아닌</u> 것은 무엇인가요?　[✎　　]

① 미세 먼지의 개념
② 미세 먼지의 발생 원인
③ 미세 먼지에 대한 대처 방법
④ 미세 먼지를 연구하는 단체 소개
⑤ 미세 먼지가 사람에게 미치는 영향

내용 이해

02 우리나라에 미세 먼지가 나타나는 원인으로 알맞은 것을 모두 골라 그 기호를 쓰세요(2개).　[✎　　]

> ㄱ 사람을 포함한 동물에게서 자연적으로 생겨나기 때문에
> ㄴ 지구 온난화가 심해지면서 지구가 점점 더워지기 때문에
> ㄷ 매연과 자동차 배기가스, 건설 현장의 먼지 등에서 나오기 때문에
> ㄹ 중국에서 발생한 오염 물질이 바람을 타고 우리나라로 날아오기 때문에

내용 추론

03 이 뉴스에서 추가로 사용하기에 알맞은 자료는 무엇일까요?　[✎　　]

① 감기 예방에 좋은 음식을 소개하는 영상 자료
② 세계 보건 기구(WHO)가 하는 일을 소개하는 그림 자료
③ 대중교통 이용에 불편함을 느끼는 사람들을 인터뷰한 영상 자료
④ 지난해 우리나라를 방문한 중국인 관광객 수를 나타내는 도표 자료
⑤ 최근 3년간 전국에서 미세 먼지가 발생한 횟수를 보여 주는 그래프 자료

중심 내용 쓰기

04 이 글의 중심 내용을 한 문장으로 완성해 보세요.

> 지름이 ✎ ＿＿＿＿＿＿＿＿＿＿＿ 인 미세 먼지는 인체에 유해하므로, 미세 먼지를 줄이기 위한 국가 차원에서의 노력 및 미세 먼지에 노출되지 않기 위한 개개인의 노력이 필요하다.

정답과 해설 23쪽

01 다음 낱말의 뜻을 찾아 바르게 연결해 보세요.

1 보도 •　　　• ㄱ 어떤 상태가 오래 계속됨

2 지속 •　　　• ㄴ 사물이나 사람이 본디 지니고 있는 형상

3 정체 •　　　• ㄷ 대중 전달 매체를 통하여 일반 사람들에게 새로운 소식을 알림

02 제시된 뜻과 예문을 참고하여 다음 초성에 해당하는 낱말을 빈칸에 쓰세요.

1 ㄱ ㅅ : 기운이나 힘 따위가 성해서 좀처럼 누그러들지 않음

예 늦더위가 (　　　　)을 부리면서 해수욕장을 찾는 인파가 늘었다.

2 ㄱ ㅊ : 기상, 천문 등의 자연 현상을 관찰하여 그 움직임을 측정함

예 별의 움직임에 대한 (　　　　) 자료를 정리하여 보고서를 작성했다.

03 다음 문장에 들어갈 알맞은 낱말을 보기 에서 찾아 쓰세요.

> 보기
> 권장하다　　　시도하다　　　위협하다　　　지정하다

1 선생님은 학생들에게 독서를 □□하였다.

2 인류의 생존을 □□하는 환경 오염이 매우 심각하다.

3 우리는 문제를 해결하기 위해 여러 가지 방법을 □□해 보았으나 모두 헛일이었다.

10 꽃처럼 아름다운 담, 꽃담

1 우리가 담을 쌓는 까닭은 공간을 나누기 위해서 또는 무언가를 막기 위해서이다. 집 주변에 담을 둘러 이곳이 자신의 것임을 나타내기도 하고 사람이나 동물의 침입, 외부의 시선, 바람이나 소음 등을 막기 위해 담을 쌓기도 한다. 사람들이 언제부터 담을 쌓기 시작했는지 그 유래는 명확히 알 수 없다. 다만 나라와 나라 사이의 경계를 표시하거나 신분을 구분하기 시작할 때부터 담이 필요했을 것으로 추측하고 있다.

2 우리나라에서는 예로부터 여러 가지 색으로 글자나 무늬 등을 넣어 담장을 쌓고 모양을 내기도 하였다. 이렇게 장식한 담장을 '꽃담'이라고 한다. 꽃담은 공간을 분리하는 경계의 기능 외에 아름다움을 추구하는 장식적 기능을 더하고 있다. 그런데 꽃담은 단순히 아름답게만 보이려고 꾸민 담이 아니라, 자연과 더불어 살아온 우리 선조들의 삶의 지혜가 깃들어 있는 문화유산이라 할 수 있다. 즉 자연을 해치거나 거스르려 하지 않고 함께 어우러져 살고자 하는 삶의 태도가 꽃담에 담겨 있다. 바깥으로는 인간을 괴롭히는 나쁜 기운들을 막으면서 안으로는 건강하게 오래 살고자 하는 무병장수의 복을 불러오기 위해 다양한 문양을 만들어 담에 새김으로써 일종의 보호막을 만든 것이다. 복숭아 무늬를 새겨 넣음으로써 장수를 기원하고, 바둑판같이 그려진 석쇠무늬를 통해 온갖 악귀를 막으려 했으며, 꽃무늬를 새겨서 행운이 오도록 하였다. 그중 국화 무늬는 높은 품위와 지조를 나타내는 데 사용되기도 하였다.

3 이러한 꽃담은 조상들이 담을 쌓으면서 깨진 기왓장이나 돌을 그 사이사이에 넣어 장식한 것이 시작이라고 할 수 있다. 꽃담을 쌓을 때는 주로 진흙과 모래, 돌 등을 사용했다. 거기에 흙을 구워 만든 전돌, 석회, 짚을 썰어 만든 여물, 새끼줄, 나무, 물감 등을 활용하여 장식을 더했다. 꽃담에 쓰이는 재료들은 대부분 주변에서 손쉽게 구할 수 있는 것들이었다.

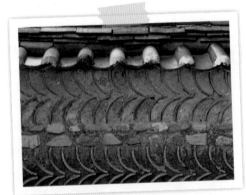

▲ 기왓장과 돌을 넣은 꽃담

4 꽃담은 삼국사기에 '진골 계급은 주택의 담장에 석회를 발라 꾸미지 못한다.'라는 기록이 있는 것으로 보아 삼국 시대부터 이미 성행하고 있던 것으로 추정할 수 있다. 이후 고려

를 이은 조선에 계승되었으나 검소한 것을 숭상하던 조선의 세태에 화려한 꽃담은 맞지 않았기에 그 기세가 꺾였다. 오늘날에는 조선 시대의 궁궐인 경복궁, 창덕궁, 덕수궁 등에서 꽃담을 찾아볼 수 있다. 왕비의 생활 공간인 경복궁 자경전에는 무병장수의 바람을 다양한 무늬로 나타낸 화려한 꽃담이 둘러진 것을 볼 수 있고, 창덕궁 낙선재 후원에서는 높은 미적 감각으로 장식된 꽃담을 감상할 수 있다.

▲ 자경전 꽃담

◆ **유래**: 사물이나 일이 생겨남. 또는 그 사물이나 일이 생겨난 바
◆ **장수**: 평균 수명을 훨씬 넘어 오래 사는 것
◆ **기원하고**: 바라는 일이 이루어지기를 빌고
◆ **품위**: 사람이 갖추어야 할 위엄이나 기품
◆ **지조**: 원칙과 신념을 굽히지 않고 끝까지 지켜 나가는 꿋꿋한 의지
◆ **세태**: 사람들의 일상생활, 풍습 따위에서 보이는 세상의 상태나 형편

≫ 글 내용 한눈에 보기 ●●●

① ㄲ ㄷ 의 뜻	여러 가지 색으로 글자나 무늬 등을 넣어 장식한 담장
꽃담의 기능	• 공간을 분리하는 경계의 기능 • 아름다움을 추구하는 **②** ㅈ ㅅ ㅈ 기능 • 여러 문양을 새겨 나쁜 기운을 막고, **③** ㅁ ㅂ ㅈ ㅅ 와 같은 복을 불러들이는 보호막 기능
꽃담의 재료	진흙, 모래, 돌, 짚, 나무 등 주변에서 구하기 쉬운 것들
꽃담의 성행 시기	삼국 시대에 성행하여 고려를 이은 **④** ㅈ ㅅ 에 계승되었다가 기세가 꺾임

글을 이해해요

내용 이해
01
이 글에 대한 설명으로 알맞은 것을 골라 보세요.

1 꽃담에 복숭아 무늬를 새겨 넣음으로써 [부귀 / 장수]를 기원하였다.

2 꽃담에 새겨진 [국화 / 석쇠] 무늬는 높은 품위와 지조를 나타내는 데 사용되었다.

내용 이해
02
이 글의 내용으로 알맞지 <u>않은</u> 것은 무엇인가요?　　[　　　　]

① 조선 시대에는 화려한 꽃담이 유행하였다.
② 담은 공간을 구분하는 경계의 기능을 한다.
③ 꽃담에는 우리 선조들의 삶의 지혜가 깃들어 있다.
④ 담을 쌓게 된 유래에 대해서는 정확하게 알 수 없다.
⑤ 꽃담에 사용되는 재료는 주변에서 손쉽게 구할 수 있는 것들이었다.

내용 비판
03
이와 같은 글을 읽는 방법으로 적절하지 <u>않은</u> 것은 무엇일까요?　　[　　　　]

① 쓸모 있는 정보인지 따져 가며 읽는다.
② 새롭게 알게 된 점을 발견하며 읽는다.
③ 각 문단의 중심 내용을 파악하며 읽는다.
④ 설명하려는 대상의 특징을 정리하며 읽는다.
⑤ 비유하는 대상이 무엇인지 파악하며 읽는다.

중심 내용 쓰기
04
이 글의 중심 내용을 한 문장으로 완성해 보세요.

> ✎＿＿＿＿＿＿은 경계를 표시하고 각종 침입을 막기 위한 담의 본래적 기능뿐만 아니라 장식적 기능을 더하고 있으며, ✎＿＿＿＿＿을 막고 복을 불러들이고자 했던 선조들의 ✎＿＿＿＿＿가 깃들어 있는 문화유산이다.

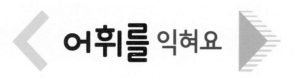

01 다음 낱말의 뜻을 찾아 바르게 연결해 보세요.

1 기원 •

2 세태 •

3 품위 •

• **ㄱ** 바라는 일이 이루어지기를 빎

• **ㄴ** 사람이 갖추어야 할 위엄이나 기품

• **ㄷ** 사람들의 일상생활, 풍습 따위에서 보이는 세상의 상태나 형편

02 다음 밑줄 친 부분과 바꾸어 쓸 수 있는 낱말을 보기에서 찾아 쓰세요.

보기

기세   문양   유래   장수

1 꽃담에 복숭아 무늬를 새겨 넣음으로써 <u>오래도록 살기</u>를 기원했다.

(   )

2 사람들이 언제부터 담을 쌓기 시작했는지 그 <u>생겨난 바</u>는 명확히 알 수 없다.

(   )

03 다음 문장에 들어갈 알맞은 낱말을 보기에서 찾아 쓰세요.

보기

길흉   지조   무병장수   문화유산

1 예부터 국화는 품위와 ☐☐를 상징하는 꽃이다.

2 꽃담은 자연과 더불어 살아온 선조들의 삶의 지혜가 담긴 ☐☐☐☐이다.

3 꽃담에는 ☐☐☐☐의 상징을 무늬로 새겨 넣어 보는 이가 건강하게 오래 살기를 기원했다.

시력의 모든 것

1 병원이나 학교에서 시력 검사를 해 본 경험이 있을 것이다. '시력'이란 '떨어져 있는 두 점'을 하나가 아닌 '두 점'으로 인식할 수 있는 능력을 말한다. 우리의 눈은 아주 많은 기관으로 이루어져 있는데, 그중 눈동자를 덮고 있는 막을 각막이라고 한다. 빛이 이 각막을 통해 눈의 안쪽으로 들어오면 눈알의 검은색 부분인 동공에서 받아들이는 빛의 양을 알맞게 조절한다. 들어오는 빛의 양이 많으면 동공의 크기를 줄여 받아들이는 빛의 양을 줄이고, 반대로 들어오는 빛의 양이 적으면 동공의 크기를 키워 받아들이는 빛의 양을 늘린다. 알맞은 양으로 조절된 빛은 동공 뒤에 있는 수정체를 지난다. 수정체는 볼록 렌즈의 모양과 비슷한데 두꺼워졌다 얇아졌다 하며 빛을 굴절시킨다. 굴절된 빛이 망막 위에 상으로 맺히면 이것이 시각 신경을 통해 뇌로 전달되고, 우리는 눈으로 보는 대상이 무엇인지 알 수 있게 된다. 흔히 시력이 좋다고 하는 것은 망막에 상이 뚜렷이 맺혀서 떨어져 있는 두 점을 명확하게 인식하는 것을 말한다.

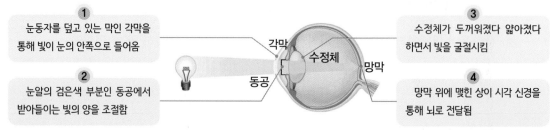

1 눈동자를 덮고 있는 막인 각막을 통해 빛이 눈의 안쪽으로 들어옴

2 눈알의 검은색 부분인 동공에서 받아들이는 빛의 양을 조절함

각막 수정체 망막
동공

3 수정체가 두꺼워졌다 얇아졌다 하면서 빛을 굴절시킴

4 망막 위에 맺힌 상이 시각 신경을 통해 뇌로 전달됨

▲ 눈으로 대상을 보는 과정

2 그렇다면 시력은 어떻게 측정할까? 1909년 국제 안과 학회는 란돌트 고리를 이용하여 시력을 측정하기로 결정했다. 그 전에도 시력 검사법이 있었지만 글을 모르는 사람과 어린이들을 위해 고안한 란돌트 검사법을 국제 기준으로 삼은 것이다. 란돌트 고리는 시력 검사표에서 흔히 볼 수 있는 C자 모양 고리를 말하는데 바깥지름이 7.5mm이고, 상하좌우 중 한 곳에 폭 1.5mm의 구멍이 뚫려 있다. 5m 떨어진 곳에서 란돌트 고리의 뚫린 방향을 구분할 수 있는 시력을 1.0으로 정했다. 그리고 기준보다 시력이 안 좋은 경우는 0.9~0.1로, 기준보다 시력이 좋은 경우는 1.2~2.0으로 세분화하여 측정하기로 했다.

▲ 란돌트 검사법

③ 시력이 좋지 않을 때는 시력 교정을 해야 하는데 사람마다 눈 상태가 다르기 때문에 시력 교정 방법도 이에 따라 달라진다. 가까운 거리는 잘 보이지만 먼 거리는 잘 보이지 않는 경우를 근시라고 한다. 정상인의 눈보다 수정체와 망막 사이의 거리가 길거나 수정체가 두껍기 때문에 나타나는 증상이다. 근시는 상이 망막의 앞에 맺히기 때문에 오목 렌즈를 사용하여 빛을 바깥쪽으로 퍼지게 해서 망막에 상이 맺히게 조절한다. 반대로 먼 거리는 잘 보이지만 가까운 거리는 잘 보이지 않는 경우는 원시라고 한다. 정상인의 눈보다 수정체와 망막 사이의 거리가 짧거나 수정체가 얇기 때문에 나타나는 증상이다. 원시는 상이 망막의 뒤쪽에 맺히기 때문에 볼록 렌즈를 사용하여 눈으로 들어가는 빛을 안쪽으로 모아 망막에 상이 맺히게 조절한다.

◆ **인식할:** 어떤 일에 대하여 확실히 알고 그 뜻을 바르게 깨달을
◆ **망막:** 눈알의 안쪽을 싸고 있는, 빛을 느끼는 얇은 막
◆ **상:** 빛의 반사나 굴절로 생기는 물체의 형상
◆ **고안한:** 새로운 물건이나 방법을 연구하여 생각해 낸
◆ **교정:** 틀어지거나 잘못된 것을 바로잡아 고침

⟱ 글 내용 한눈에 보기 •••

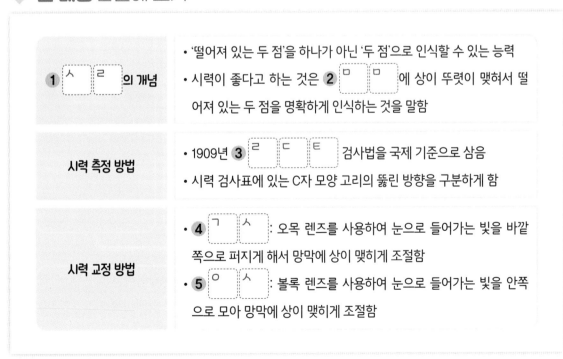

1 [ㅅ][ㄹ]의 개념	• '떨어져 있는 두 점'을 하나가 아닌 '두 점'으로 인식할 수 있는 능력 • 시력이 좋다고 하는 것은 2 [ㅁ][ㅁ]에 상이 뚜렷이 맺혀서 떨어져 있는 두 점을 명확하게 인식하는 것을 말함
시력 측정 방법	• 1909년 3 [ㄹ][ㄷ][ㅌ] 검사법을 국제 기준으로 삼음 • 시력 검사표에 있는 C자 모양 고리의 뚫린 방향을 구분하게 함
시력 교정 방법	• 4 [ㄱ][ㅅ]: 오목 렌즈를 사용하여 눈으로 들어가는 빛을 바깥쪽으로 퍼지게 해서 망막에 상이 맺히게 조절함 • 5 [ㅇ][ㅅ]: 볼록 렌즈를 사용하여 눈으로 들어가는 빛을 안쪽으로 모아 망막에 상이 맺히게 조절함

^{내용 이해}
01 우리가 눈으로 대상을 보는 과정에 맞게 차례대로 기호를 쓰세요.

> ㄱ 각막을 통해 빛이 눈의 안쪽에 들어옴
> ㄴ 빛이 볼록 렌즈 모양의 수정체를 지남
> ㄷ 동공에서 받아들이는 빛의 양을 조절함
> ㄹ 망막 위에 맺힌 상이 시각 신경을 통해 뇌로 전달됨

☐ → ☐ → ☐ → ☐

^{내용 비판}
02 다음은 신문 기사의 일부입니다. 알맞지 <u>않은</u> 내용은 무엇일까요? [✎   ]

| 안과 상식 톡톡! | **란돌트 고리** |

> ① 란돌트 고리는 국제 안과 학회에서 시력 검사의 기준으로 삼은 것이다. ② 바깥지름이 7.5mm이고, 상하좌우 중 한 곳에 폭 1.5mm의 구멍이 뚫려 있다. ③ 란돌트 고리의 뚫린 방향을 5m 떨어진 거리에서 구분할 수 있으면 시력이 1.0이다. ④ 시력 1.0을 기준으로 해서 0.1부터 2.0까지의 시력을 측정할 수 있다. ⑤ 글을 모르는 사람과 어린이들은 란돌트 고리를 이용한 시력 측정이 어렵다는 한계가 있다.

^{내용 추론}
03 안과 전문의가 어떤 대답을 했을지 빈칸에 들어갈 알맞은 말을 쓰세요.

> 민아: 전 가까운 곳에 있는 글씨는 잘 보이는데 먼 곳에 있는 글씨는 잘 안 보여요.
>
> 안과 전문의: 정상인의 눈보다 수정체가 두껍거나, ❶ ☐☐☐ 와 망막 사이의
>
> 거리가 길기 때문에 나타나는 증상이에요. ❷ ☐☐ 렌즈를 사용한 안경으로
>
> 교정하는 것이 좋겠어요.

^{중심 내용 쓰기}
04 이 글의 중심 내용을 한 문장으로 완성해 보세요.

> 떨어져 있는 두 점을 ✎_____을 시력이라고 하는데, 시력 측
>
> 정은 ✎_____을 국제 기준으로 삼고 있으며, 시력을 교정할 때는 각자의 눈
>
> 상태에 따라 시력 교정 방법이 달라진다.

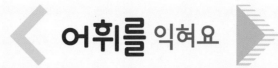

01 다음 낱말의 뜻을 찾아 바르게 연결해 보세요.

1 상 •　　　• ㄱ 눈동자를 덮고 있는 막

2 각막 •　　　• ㄴ 빛의 반사나 굴절로 생기는 물체의 형상

3 망막 •　　　• ㄷ 눈알의 안쪽을 싸고 있는, 빛을 느끼는 얇은 막

02 제시된 뜻과 예문을 참고하여 다음 초성에 해당하는 낱말을 빈칸에 쓰세요.

1 ㄱ ㅈ 되다: 휘어져서 꺾이다.

예 어항 속 물고기가 실제보다 더 커보이는 것은 빛이 (　　　　　)되기 때문이다.

2 ㄱ ㅈ : 틀어지거나 잘못된 것을 바로잡아 고침

예 콘택트렌즈는 각막에 밀착시켜 근시, 원시, 난시 등의 (　　　　　)에 쓰이는 얇은 막 모양의 작은 렌즈를 말한다.

3 ㅊ ㅈ 하다: 일정한 양을 기준으로 하여 같은 종류의 다른 양의 크기를 재다. 기계나 장치를 사용하여 재기도 한다.

예 안경을 맞출 때에는 반드시 시력을 먼저 (　　　　　)해야 한다.

03 다음 문장에 들어갈 알맞은 낱말을 보기 에서 찾아 쓰세요.

> **보기**
>
> 고안하다　　　인식하다　　　조절하다　　　세분화하다

1 란돌트 검사법은 글을 모르는 사람과 어린이들을 위해 □□하였다.

2 시력이 좋다고 하는 것은 망막에 상이 뚜렷이 맺혀서 떨어져 있는 두 점을 명확하게 □□ 하는 것을 말한다.

12 다수결의 함정

1 사회는 많은 개인이 모여 이루어진다. 그런데 사회를 이루는 개인은 각자 성격도 다르고, 생각도 다르다. 이렇게 다양한 사람들이 모인 사회에서 무엇인가를 결정하려면 어떻게 해야 할까? 민주 사회에서 의사 결정을 하는 가장 좋은 방법은 모든 사람이 찬성하는 의견을 선택하는 것이다. 하지만 모두의 의견이 일치하기란 현실적으로 어렵기 때문에 '다수결'의 방법을 사용한다. 다수결은 한자로 '多 많을 다, 數 셀 수, 決 결정할 결'을 사용하여 쓴다. 한자의 뜻에서 알 수 있듯이, 다수결은 많은 사람이 선택한 의견에 따라 의사를 결정하는 것을 말한다.

2 다수결로 의견을 결정하는 방법은 여러 가지이다. 그중 가장 기본적인 방법은 참석한 사람들 중 절반 이상이 선택한 것을 고르는 '과반수 찬성'이다. 이 밖에 참석한 사람들 중 3분의 2 이상이 선택한 것을 고르는 '특별 다수결', 참석 여부와 관계없이 선택할 권리를 지닌 사람들 중 절반 이상이 선택한 것을 고르는 '절대 다수결'이 있다. 결정해야 하는 일의 중요도에 따라 적절한 다수결 방법을 선택할 수 있다.

3 우리는 다양한 상황에서 다수결을 사용하고 있다. 작게는 학교 안에서 이루어지는 반장 선거, 학생회장 선거에서부터 크게는 나라의 통치자를 뽑는 대통령 선거까지 다수결을 사용한다. 이렇게 서로의 이해관계가 달라 의견을 모으기 어려운 상황에서 다수결을 사용하면 의견을 최종으로 결정할 시점을 명확히 정할 수 있고, 의견을 빠르게 결정할 수 있다.

4 그러나 다수결에도 문제점이 있다. 먼저 다수의 사람이 선택한 의견이 옳지 않을 수 있다. 다수결을 따르는 것의 밑바탕에는 다수의 의견을 선택하는 것이 소수의 의견을 선택하는 것보다 합리적이라는 생각이 깔려 있다. 그러다 보니 종종 옳은 의견임에도 소수 의견이라는 이유로 무시되는 일이 벌어지기도 한다. 그리고 때로는 다수결로 결정한 의견이 최대 다수가 만족하는 결과가 아닐 수도 있다. 선택할 수 있는 의견이 너무 많아서 최종으로 결정된 의견을 선택한 사람의 수가 많지 않을 경우에는 결정된 의견에 만족하는 사람보다 만족하지 못하는 사람이 더 많을 수 있다.

5 이처럼 합리적인 의사 결정 방법처럼 보이는 다수결에도 문제점이 있다. 그렇기 때문에 다수결로 의사를 결정할 때에는 다음과 같은 점에 유의해야 한다. 첫째, 의사 결정에 참여하는 모든 사람에게 평등한 기회를 제공한다. 둘째, 의견을 충분히 나누고 소수의 의견도 존중한다. 셋째, 진리의 문제나 인간의 존엄성, 정의의 원칙과 관련한 문제에는 다수결을 적용하지 않는다. 넷째, 상대방의 의견을 수용하려는 열린 태도를 지닌다. 다수결은 다수가 소수의 의견을 존중하고, 소수가 다수의 의견을 받아들일 때 비로소 빛을 발할 것이다.

◆ **이해관계:** 서로의 이익이나 손해에 영향을 미치는 관계
◆ **존엄성:** 감히 범할 수 없는 높고 엄숙한 성질
◆ **정의:** 사회나 공동체를 위한 옳고 바른 도리

❯❯ 글 내용 한눈에 보기 ●●●

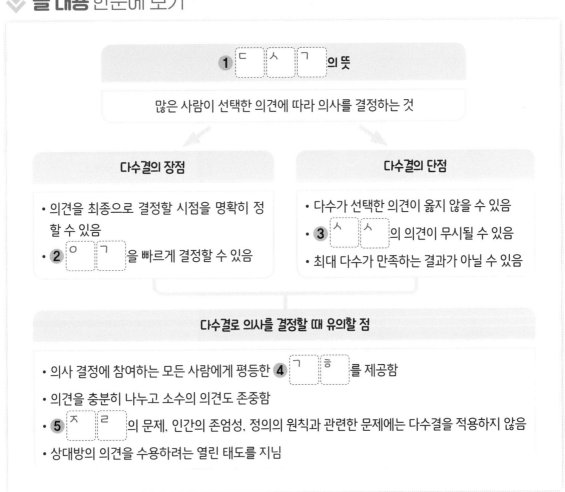

1 ㄷ ㅅ ㄱ **의 뜻**

많은 사람이 선택한 의견에 따라 의사를 결정하는 것

다수결의 장점

• 의견을 최종으로 결정할 시점을 명확히 정할 수 있음
• **2** ㅇ ㄱ 을 빠르게 결정할 수 있음

다수결의 단점

• 다수가 선택한 의견이 옳지 않을 수 있음
• **3** ㅅ ㅅ 의 의견이 무시될 수 있음
• 최대 다수가 만족하는 결과가 아닐 수 있음

다수결로 의사를 결정할 때 유의할 점

• 의사 결정에 참여하는 모든 사람에게 평등한 **4** ㄱ ㅎ 를 제공함
• 의견을 충분히 나누고 소수의 의견도 존중함
• **5** ㅈ ㄹ 의 문제, 인간의 존엄성, 정의의 원칙과 관련한 문제에는 다수결을 적용하지 않음
• 상대방의 의견을 수용하려는 열린 태도를 지님

내용 비판

01 이 글을 읽은 후의 반응으로 알맞지 <u>않은</u> 것은 무엇일까요? [✎　　]

① 다수결에서는 소수의 의견이 무시될 수도 있겠어.
② 많은 사람이 선택한 의견이 꼭 옳은 것만은 아니구나.
③ 다수결을 사용하면 빠르게 의사 결정을 할 수 있겠어.
④ 다수결을 사용하면 의견을 최종적으로 결정할 시점을 명확히 정할 수 있겠어.
⑤ 선택할 수 있는 의견이 많을수록 최종 결정된 의견에 만족하는 사람이 많겠구나.

내용 이해

02 다음 설명에 해당하는 다수결의 종류를 이 글에서 찾아 쓰세요.

1 [　　　] : 참석한 사람들 중 절반 이상이 선택한 의견에 따르는 방법

2 [　　　] : 참석한 사람들 중 3분의 2 이상이 선택한 의견에 따르는 방법

3 [　　　] : 참석 여부와 관계없이 선택할 권리를 지닌 사람들 중 절반 이상이 선택한 것을 고르는 방법

내용 추론

03 다수결로 의견을 결정하기에 알맞지 <u>않은</u> 것은 무엇일까요? [✎　　]

① 우리 학교 전교 회장을 뽑을 때
② 이웃 나라와 전쟁을 벌이려고 할 때
③ 전국 체육 대회의 개최지를 결정할 때
④ 우리 반의 현장 학습 체험 장소를 정할 때
⑤ 나라를 위해 일을 하는 국회의원을 뽑을 때

중심 내용 쓰기

04 이 글의 중심 내용을 한 문장으로 완성해 보세요.

　　　다수결은 많은 사람이 선택한 의견에 따라 의사를 결정하는 방법으로, 장단점이 존재하기 때문에 ✎　　　　　　　을 존중하고 ✎　　　　　　　을 수용하려는 태도를 지니는 등 유의하여 사용해야 한다.

01 다음 낱말의 뜻을 찾아 바르게 연결해 보세요.

1 여부 •   • ㄱ 무엇을 하고자 하는 생각

2 의사 •   • ㄴ 그러함과 그러하지 아니함

3 정의 •   • ㄷ 사회나 공동체를 위한 옳고 바른 도리

02 제시된 뜻과 예문을 참고하여 다음 초성에 해당하는 낱말을 빈칸에 쓰세요.

1 ㄱ ㅂ ㅅ : 절반이 넘는 수

예 이번 선거에서는 어느 후보도 (   )를 얻지 못할 것으로 예상된다.

2 ㅁ ㅅ : 사물의 의의나 가치를 가볍게 여기거나 인정하지 않음

예 형은 내 제안을 (   )라도 하듯 들은 척도 하지 않았다.

3 ㅇ ㅎ ㄱ ㄱ : 서로의 이익이나 손해에 영향을 미치는 관계

예 두 나라는 (   )가 잘 맞는 분야부터 협력하기로 하였다.

03 다음 문장에 들어갈 알맞은 낱말을 보기에서 찾아 쓰세요.

> **보기**
>
> 권리   소수   다수결   비로소   존엄성

1 그 무엇도 인간의 [   ][   ][   ]을 해칠 수는 없다.

2 민주주의 국가에서는 국민의 자유와 [   ][   ]가 보장된다.

3 [   ][   ][   ]로 의견을 결정하는 것이 항상 옳고 바람직한 것은 아니다.

13 우리 문화재 지킴이, 간송 전형필

① 간송 전형필은 교육자이자 문화재 수집가로, 일제 강점기에 우리나라의 문화재를 지켜 내기 위해 전 재산과 일생을 바친 인물이다. 자신이 모은 수많은 문화재를 보존하기 위해 한국 최초의 개인 미술관인 간송 미술관을 세운 전형필을 만나 보자.

② 전형필은 1906년 서울에서도 손꼽히는 부잣집에서 태어났다. 문화 예술인들과 교류하며 학창 시절을 보낸 그는 아버지가 세상을 떠난 후 막대한 재산을 상속받게 되었다.

③ 전형필은 물려받은 재산으로 뜻깊은 소망을 실현하고자 하였다. 그는 민족의 정기를 되살리기 위해서는 우리 민족의 문화적 전통을 단절시키지 말아야 한다고 생각했다. 일제 강점기에 일본은 우리의 국권을 강탈하고, 땅과 재산은 물론이고 무엇이든 닥치는 대로 빼앗아 갔다. 문화재도 예외는 아니었다. 수많은 서화, 도자기, 불상, 석조물, 서적 등이 일본으로 빠져나가는 상황이었다. 전형필은 자신의 재산을 아끼지 않고 전국 팔도를 다니며 문화적으로 가치 있는 물건을 찾아 사 모으고, 이미 일본으로 팔려 간 문화재 중에서 꼭 되찾아와야 할 가치가 있는 것은 값을 따지지 않고 구입하였다.

④ 문화재의 가격을 정할 때, 전형필은 그것을 파는 사람이 요구하는 액수가 아니라 그 문화재가 지닌 가치를 판단하여 그에 맞는 값을 치렀다. 기와집 한 채가 천 원이던 시절, 그는 오천 원으로 그림 한 장을 사고 이만 원으로 도자기 하나를 샀다. 심지어 오천 원에 사들인 낡은 그림을 그림값보다 더 많은 돈을 들여 손질하는 등 우리의 문화유산을 지키고 보존하는 일에 재산을 아끼지 않았다. 그런 그의 모습을 보고 주변 사람들은 '집안을 말아먹을 철부지', '바보 같은 남자'라며 비웃고 손가락질을 하기도 하였다.

⑤ 한국 전쟁 때 피난을 가면서도 전형필이 품 안에 넣고 소중하게 지킨 것이 있었는데, 바로 『훈민정음 해례본』이다. 일제 강점기에 일본인들의 눈을 피해 안동까지 찾아가 당시 기와집 열 채 값을 치르고 수집한 것으로, 파는 사람이 원하는 값의 열 배를 주고 샀다는 일화가 전해진다. 『훈민정음 해례본』은 유네스코 세계 기록 유산으로 지정된 우리나라의 국보로, 그가 찾아낸 최고의 문화유산이라 할 수 있다.

6 1938년, 전형필은 우리나라 최초의 개인 미술관인 보화각(현재 간송 미술관)을 세웠다. 그가 모은 낡은 물건들은 보화각에서 빛나는 보물이 되었다. 피난길에서도 지켜 낸 『훈민정음 해례본』, 전 세계의 찬사를 받는 고려청자, 소박한 백성을 **빼닮은** 조선백자, 어떤 그림보다도 아름다운 추사 김정희의 글씨, 우리나라의 실제 산을 담은 겸재 정선의 산수화, 그리고 우리 조상의 생활 모습을 담은 김홍도와 신윤복의 풍속화 등을 전시하고 보관하였다.

7 전형필이 없었다면 우리의 문화재는 어떻게 되었을까? 일제 강점기에 사라져 가는 민족의 정신을 **수호하기** 위해 우리의 것을 지켜야 한다고 생각했던 전형필. 그의 신념과 노력 덕분에 우리의 많은 문화재가 일본으로 **유출되지** 않고, 오늘날 국보와 보물로 지정되는 등 훌륭한 문화유산으로서 그 가치를 인정받고 있다. 그가 지켜 낸 것은 단순히 문화재 몇 점이 아니라, 오늘날까지 이어져 올 수 있었던 우리 민족의 문화와 역사였다.

◆ **교류하며:** 문화나 사상 따위를 서로 통하게 하며
◆ **상속받게:** 사람이 죽은 뒤에 그의 재산을 물려받게
◆ **수호하기:** 지키고 보호하기
◆ **유출되는:** 귀중한 물품이나 정보 따위가 불법적으로 나라나 조직의 밖으로 나가 버리는

❱❱ 글 내용 한눈에 보기 ●●●

간송 전형필

업적
• 일제 강점기에 우리의 문화재를 **❶** ㅅ ㅈ 하고 보호하는 데에 전 재산과 일생을 바침
• 수집한 문화재를 보존하기 위해 우리나라 최초의 개인 미술관인 **❷** ㅂ ㅎ ㄱ 을 설립함

일화
기와집 **❸** ㅇ 채 값을 치른 『훈민정음 해례본』은 파는 사람이 원하는 값의 열 배를 주고 샀음

신념
사라져 가는 민족의 **❹** ㅈ ㅅ 을 수호하기 위해 우리의 것을 지켜야 함

내용 추론

01 전형필이 살았던 시대 상황으로 알맞지 <u>않은</u> 것은 무엇일까요? [✎   ]

① 기와집 한 채의 가격이 천 원이었다.
② 일본이 우리나라를 강제 통치하였다.
③ 한국 전쟁이 일어나 피난을 가기도 하였다.
④ 한글을 소개한 책인『훈민정음 해례본』이 간행되었다.
⑤ 일본이 우리나라의 국권은 물론 문화재까지 빼앗아 갔다.

내용 이해

02 전형필이 지켜 낸 문화유산으로 알맞지 <u>않은</u> 것은 무엇인가요? [✎   ]

① 소박한 백성을 빼닮은 조선백자
② 전 세계의 찬사를 받는 고려청자
③ 그림보다 아름다운 추사 김정희의 글씨
④ 자연의 아름다움을 그린 신윤복의 산수화
⑤ 우리 조상의 생활 모습이 담긴 김홍도의 풍속화

내용 비판

03 전형필에 대해 <u>잘못</u> 이해하고 있는 사람은 누구인지 쓰세요. [✎   ]

> **해준**
> 전형필은 자신의 많은 재산을 우리나라의 문화유산을 지켜 내는 데에 사용했어.

> **정우**
> 전형필은 민족정신을 지키기 위해서는 우리의 문화유산을 지켜야 한다고 생각했어.

> **현진**
> 전형필이 우리의 문화유산을 지켜 내지 못했다면 오늘날 문화와 역사를 연구하는 데에 어려움이 많았을 거야.

> **나윤**
> 전형필이 낡은 물건을 비싼 값을 주고 사 온 것은 가난한 사람들을 돕고자 한 마음 때문이었어.

중심 내용 쓰기

04 이 글의 중심 내용을 한 문장으로 완성해 보세요.

> 간송 전형필은 일제 강점기에 우리의 ✎_____하는 데에 혼신의 힘을 기울였으며 그가 보존해 온 문화재들은 오늘날 그 가치를 인정받고 있다.

01 다음 낱말의 뜻을 찾아 바르게 연결해 보세요.

1 교류 •

2 보존 •

3 수호 •

• ㄱ 지키고 보호함

• ㄴ 잘 보호하고 간수하여 남김

• ㄷ 문화나 사상 따위가 서로 통함

02 제시된 뜻과 예문을 참고하여 다음 초성에 해당하는 낱말을 빈칸에 쓰세요.

1 ㅅ ㅅ 받다: 사람이 죽은 뒤에 그의 재산을 물려받다.

예 그는 유언에 따라 할아버지의 모든 재산을 (   )받았다.

2 ㅇ ㅎ : 세상에 널리 알려지지 아니한 흥미 있는 이야기

예 숨은 (   )를 공개하자 모두 재미있어 했다.

3 ㅅ ㄲ 히다: 많은 가운데 다섯 손가락 안에 들 만큼 뛰어나거나 그 수가 적다고 여겨지다.

예 그는 그 마을에서 (   )히는 갑부이다.

03 다음 문장에 들어갈 알맞은 낱말을 보기에서 찾아 쓰세요.

보기

보존   상속   신념   유출

1 나는 그들이 '하면 된다'는 ☐☐을 갖기를 바랐다.

2 문화재의 ☐☐을 막는 것이 우리의 문화와 역사를 지키는 길이다.

아프리카의 이상한 국경선

1 국경선 안의 지역은 하나의 국가로, 대체로 같은 민족의 사람들로 구성되고 같은 언어를 사용하며 같은 문화를 누린다. 국가와 국가 사이의 경계선인 국경선은 일반적으로 산맥이나 하천과 같은 자연적 지형을 기준으로 정해지기 때문에 보통은 구불구불하다. 그런데 아프리카 대륙의 어떤 국경선들은 마치 자를 대고 그린 것처럼 직선에 가깝다. 이는 국경을 자연적 지형으로 나눈 것이 아니라 인위적으로 나누었기 때문이다. 왜 아프리카의 국경은 인위적으로 나누어진 것일까? 아프리카 대륙에 무슨 일이 벌어졌었는지 알아보자.

2 아프리카는 아시아 다음으로 큰 대륙으로, 많은 원주민들이 살고 있었다. 국경선이 만들어지기 전 아프리카 대륙의 원주민들은 인종, 종족, 부족에 따라 구성된 수천 개의 집단으로 이루어져 있었다. 그리고 그 집단들은 각각 정치적·경제적으로 독립하여 자신들만의 언어와 문화, 종교를 갖고 생활하고 있었다.

3 1870년대에 산업 혁명을 통해 프랑스, 영국, 벨기에, 이탈리아, 포르투갈 등 유럽의 강대국들은 급격한 경제 발전을 이루었고 자원이 풍부한 아프리카 대륙에 관심을 보이기 시작했다. 벨기에의 국왕 레오폴드 2세는 탐험가 스탠리가 아프리카 콩고를 탐험할 수 있게 후원한 뒤에 벨기에가 콩고를 지배할 권리가 있다고 주장했다. 이후 강대국들은 아프리

베를린 회의 이후 1910년경 아프리카 지도

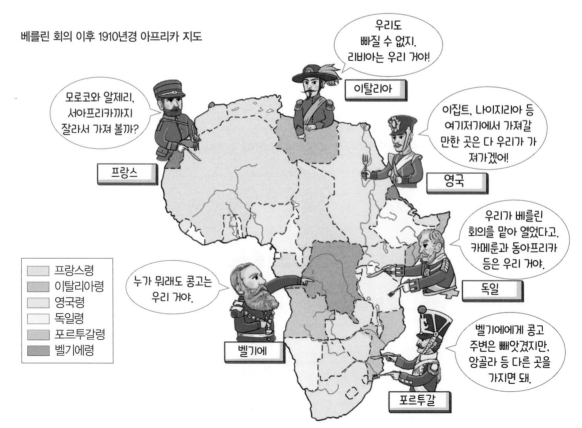

카를 ⟦ ㄱ ⟧으로 여기고 아프리카 대륙의 영토를 차지하려는 싸움을 시작했다. 싸움이 심각해지자 1884년 11월에 유럽 각국의 대표들이 모여 아프리카를 나누어 가지기 위한 협상을 하였는데, 이것이 바로 '베를린 회의'이다.

④ 이 회의에서 유럽 국가들은 자신들 마음대로 아프리카를 나누어 가졌다. 아프리카의 국경선이 자로 대고 그린 것처럼 일직선 모양인 것은 이 회의의 결과물인 셈이다. 이 때문에 아프리카 사람들은 하나의 부족임에도 두 나라로 갈리기도 했고, 서로 적대적 관계의 부족임에도 한 나라로 묶이기도 했다. 언어와 문화, 종교가 다름에도 한 나라 안에서 살아가도록 강요받은 것이다. 아프리카 대부분의 국가가 유럽 국가들로부터 독립한 지 50여 년이 지났지만 아프리카 대륙 안에서는 끊임없이 전쟁이 일어나고 있다. 반듯하게 그어진 아프리카의 국경선, 그 속에는 수많은 아프리카 원주민들의 눈물이 담겨 있다.

◆ **후원한**: 뒤에서 도와준
◆ **영토**: 한 나라의 통치권이 미치는 지역
◆ **협상**: 어떤 목적에 부합되는 결정을 하기 위하여 여럿이 서로 의논함

≫ 글 내용 한눈에 보기 •••

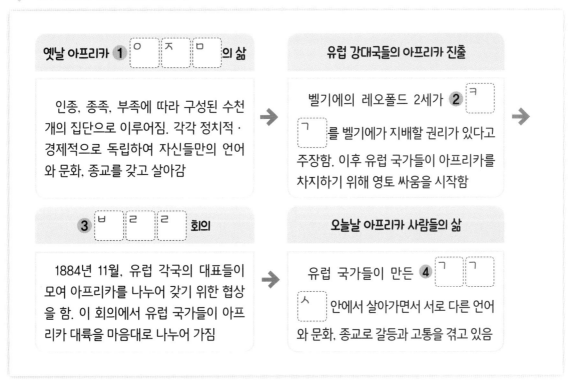

옛날 아프리카 ① ⟦ㅇ⟧⟦ㅈ⟧⟦ㅁ⟧의 삶

인종, 종족, 부족에 따라 구성된 수천 개의 집단으로 이루어짐. 각각 정치적·경제적으로 독립하여 자신들만의 언어와 문화, 종교를 갖고 살아감

유럽 강대국들의 아프리카 진출

벨기에의 레오폴드 2세가 ② ⟦ㅋ⟧ ⟦ㄱ⟧를 벨기에가 지배할 권리가 있다고 주장함. 이후 유럽 국가들이 아프리카를 차지하기 위해 영토 싸움을 시작함

③ ⟦ㅂ⟧⟦ㄹ⟧⟦ㄹ⟧ 회의

1884년 11월, 유럽 각국의 대표들이 모여 아프리카를 나누어 갖기 위한 협상을 함. 이 회의에서 유럽 국가들이 아프리카 대륙을 마음대로 나누어 가짐

오늘날 아프리카 사람들의 삶

유럽 국가들이 만든 ④ ⟦ㄱ⟧⟦ㄱ⟧ ⟦ㅅ⟧ 안에서 살아가면서 서로 다른 언어와 문화, 종교로 갈등과 고통을 겪고 있음

내용 이해

01 아프리카의 국경선이 직선인 까닭으로 알맞은 것은 무엇인가요? [✎   ]

① 아프리카 대륙의 산맥들이 직선에 가까운 모양이기 때문에
② 아프리카의 국경선을 유럽 국가들이 마음대로 정했기 때문에
③ 아프리카의 여러 부족장들이 베를린 회의에서 결정했기 때문에
④ 아프리카의 영토 전쟁을 끝내기 위해 원주민들이 스스로 영토를 나누었기 때문에
⑤ 유럽 국가들이 아프리카 사람들 간의 전쟁을 멈추게 하기 위해 장벽을 세웠기 때문에

내용 추론

02 ㄱ에 들어갈 말로 알맞은 것은 무엇일까요? [✎   ]

① 위험한 땅   ② 흑인들의 땅   ③ 가장 더운 땅
④ 주인 없는 땅   ⑤ 자원이 부족한 땅

내용 비판

03 이 글을 읽은 후, 아프리카 지도를 보고 나눈 대화입니다. 올바르게 말한 사람은
누구인지 쓰세요. [✎   ]

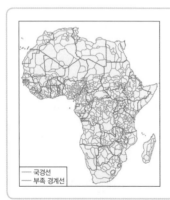

해나 국경선이 일직선으로 깔끔하게 정리되어서 아
프리카 원주민들이 좋아할 것 같아.

가령 다른 부족을 하나의 국가로 묶어 놓아서 지금도
아프리카에서 갈등이 끊이지 않는 거구나.

찬영 국경선 안의 여러 부족이 평화롭게 지내려면 유
럽 국가들이 아프리카를 계속 다스려야 해.

중심 내용 쓰기

04 이 글의 중심 내용을 한 문장으로 완성해 보세요.

✎＿＿＿＿＿＿＿ 이 직선 모양인 이유는 유럽 강대국들이 ✎＿＿＿＿ 에
서 원주민들의 삶과 문화를 고려하지 않고 마음대로 ✎＿＿＿ 를 나누어 가진 결과
이며, 이 때문에 오늘날까지도 아프리카 사람들은 끊임없는 전쟁에 시달리며 고통받고
있다.

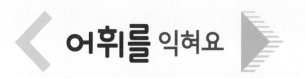

01 다음 낱말의 뜻을 찾아 바르게 연결해 보세요.

1 국경 •
2 영토 •
3 지형 •

• ㄱ 땅의 생긴 모양이나 형세
• ㄴ 한 나라의 통치권이 미치는 지역
• ㄷ 나라와 나라의 영역을 가르는 경계

02 제시된 뜻과 예문을 참고하여 다음 초성에 해당하는 낱말을 빈칸에 쓰세요.

1 ㄱ ㄱ ㅅ : 나라와 나라 사이의 경계가 되는 선
예 서로 이웃한 두 나라는 (   ) 문제로 오랫동안 갈등을 빚고 있다.

2 ㅇ ㅈ ㅁ : 그 지역에 본디부터 살고 있는 사람들
예 아프리카 오지로 들어간 그는 의료 봉사를 하면서 (   )과 함께 살고 있다.

3 ㅎ ㅅ : 어떤 목적에 부합되는 결정을 하기 위하여 여럿이 서로 의논함
예 서로 간에 이해와 양보가 없으면 이번 (   )은 마무리하기 어려울 것이다.

03 다음 문장에 들어갈 알맞은 낱말을 보기에서 찾아 쓰세요.

보기
협상   후원   강대국   인위적   적대적

1 다른 나라를 견제하기 위해 [   ]의 힘을 빌리기도 한다.

2 우리 동네에는 민간 기업의 [   ]으로 운영되는 복지 회관이 있다.

3 [   ]으로 식욕을 억제하는 다이어트 제품은 부작용이 생길 수 있다.

에너지가 변신해요

1 피겨 스케이팅을 하는 김연아 선수의 점프를 본 사람들은 그 멋있는 모습에 감탄한다. 체육 전문가들은 "김연아 선수는 스케이팅 속도가 빨라서 다른 선수에 비해 높이 뛰어오를 수 있고, 그래서 공중에서 회전할 수 있는 시간이 길다."라고 말한다. 이 말이 의미하는 바가 무엇인지 피겨 스케이팅 점프 속에 숨어 있는 과학 원리를 통해 알아보자.

2 에너지는 위치 에너지, 운동 에너지, 화학 에너지, 열에너지 등 다양한 형태로 존재하는데, 그중 피겨 스케이팅 점프에 영향을 미치는 것은 위치 에너지와 운동 에너지이다. 위치 에너지는 어떤 위치에 있는 물체가 가지는 에너지이다. 물체의 질량이 일정할 때, 기준이 되는 위치에서 물체까지의 높이가 높을수록 그 물체가 갖는 위치 에너지도 크다. 운동 에너지는 운동하는 물체가 가지는 에너지이다. 여기서의 '운동'이란 달리는 자전거처럼 물체가 시간이 지남에 따라 위치를 바꾸는 것을 말한다. 물체의 질량이 일정할 때, 움직이는 속력이 빠를수록 그 물체가 갖는 운동 에너지도 크다.

3 물체의 운동 에너지와 위치 에너지를 합한 것을 역학적 에너지라고 하며 두 에너지는 서로 전환될 수 있다. 놀이공원의 롤러코스터는 레일 위를 오르내릴 때 전기를 이용하여 열차를 가장 높은 지점까지 끌어올린다. 열차는 가장 높은 지점에서 달리기 시작해서 정지할 때까지 엔진 같은 동력이 없이 움직인다. 롤러코스터가 동력 없이 움직일 수 있는 이유는 에너지의 전환이 일어나기 때문이다. 다음 그림을 보며 그 과정을 이해해 보자.

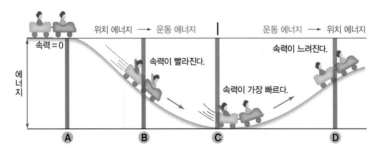

가장 높은 지점(**A**)에 있는 롤러코스터는 위치 에너지를 얻는다. 열차가 레일을 따라 내려오면 이 위치 에너지가 운동 에너지로 바뀌면서 속력이 빨라진다(**B**). 열차가 레일의 가장 낮은 부분을 통과할 때 운동 에너지는 최대로 커진다(**C**). 레일의 가장 낮은 부분에서 다시 높은 부분으로 올라갈 때에는 운동 에너지가 다시 위치 에너지로 전환되며 속력이 느려진다(**D**).

④ 물체가 운동할 때 외부의 간섭이 없다면 운동 에너지와 위치 에너지가 서로 전환되더라도 그 크기는 변하지 않는다. 예를 들어 같은 무게의 바위가 서로 다른 높이에서 떨어질 때, 더 높은 곳의 바위가 위치 에너지가 더 크므로 바닥으로 더 움푹 들어간다. 이를 통해 에너지가 서로 전환되더라도 원래 에너지의 크기는 변하지 않고 일정하게 유지됨을 알 수 있다.

⑤ 김연아 선수의 점프에도 바로 이런 원리가 숨어 있다. 스케이팅을 하다가 점프를 하는 순간, 운동 에너지는 위치 에너지로 전환된다. 앞에서 김연아 선수는 스케이팅 속도가 빨라서 높이 뛰어오를 수 있고, 공중에서 회전할 수 있는 시간이 길다고 하였다. 스케이팅 속도가 빠르다는 것은 그만큼 운동 에너지가 크다는 뜻이고, 높이 뛰어오른다는 것은 그만큼 전환되는 위치 에너지도 크다는 뜻이다. 김연아 선수의 멋진 점프에는 에너지 전환이라는 과학의 원리가 숨어 있었던 것이다.

◆ **미치는:** 영향이나 작용 따위가 대상에 가하여지는
◆ **동력:** 수력, 화력, 전력 등을 이용하여 기계를 움직이게 하는 힘

글 내용 한눈에 보기 ●●●

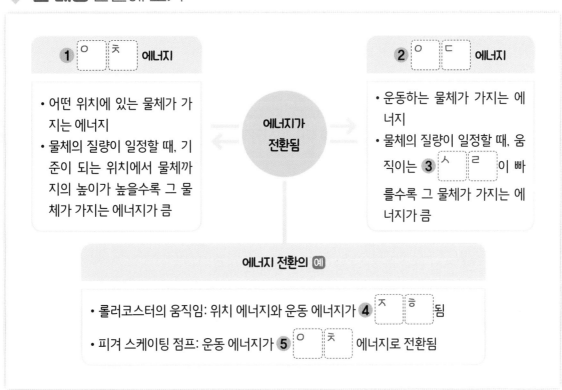

1 [ㅇ][ㅊ] 에너지
• 어떤 위치에 있는 물체가 가지는 에너지
• 물체의 질량이 일정할 때, 기준이 되는 위치에서 물체까지의 높이가 높을수록 그 물체가 가지는 에너지가 큼

에너지가 전환됨

2 [ㅇ][ㄷ] 에너지
• 운동하는 물체가 가지는 에너지
• 물체의 질량이 일정할 때, 움직이는 3 [ㅅ][ㄹ] 이 빠를수록 그 물체가 가지는 에너지가 큼

에너지 전환의 예
• 롤러코스터의 움직임: 위치 에너지와 운동 에너지가 4 [ㅈ][ㅎ] 됨
• 피겨 스케이팅 점프: 운동 에너지가 5 [ㅇ][ㅊ] 에너지로 전환됨

글을 이해해요

내용 추론

01 운동 에너지와 위치 에너지가 전환되는 예가 <u>아닌</u> 것은 무엇일까요? [✎   ]

① 추운 날 손바닥을 마주 대고 비비자 손바닥이 따뜻해진 경우
② 아래에 있던 바이킹이 점점 올라가 가장 높은 위치에 도달한 경우
③ 산 위에 있던 바위가 아래로 구르면서 점점 속도가 빨라지는 경우
④ 빠른 속도로 스케이팅을 한 피겨 스케이팅 선수가 높이 점프한 경우
⑤ 가장 높은 지점에서 잠시 멈췄던 롤러코스터가 빠르게 아래로 내려가는 경우

내용 비판

02 다음 그림처럼 똑같은 질량의 바위 ㄱ, ㄴ이 모래 바닥으로 떨어졌을 때, ㄱ이 모래 바닥으로 더 움푹 들어가는 까닭은 무엇일까요? [✎   ]

① ㄴ보다 크기가 더 크기 때문에
② ㄴ보다 열에너지가 작기 때문에
③ ㄴ보다 운동 에너지가 작기 때문에
④ ㄴ보다 위치 에너지가 크기 때문에
⑤ ㄴ보다 아래로 늦게 떨어졌기 때문에

내용 이해

03 김연아 선수의 피겨 스케이팅 점프 속에 담긴 과학의 원리를 생각하며 빈칸에 들어갈 알맞은 말을 쓰세요.

스케이팅 속도가 빠름		점프하는 순간		뛰어오른 높이가 높음
❶ [ ][ ] 에너지가 큼	>	에너지가 전환됨	>	❷ [ ][ ] 에너지가 큼

중심 내용 쓰기

04 이 글의 중심 내용을 한 문장으로 완성해 보세요.

높은 곳에서 떨어지는 물체는 ✎＿＿＿＿＿＿＿와 ✎＿＿＿＿＿＿＿를 가지고 있는데, 이 두 에너지는 서로 전환될 수 있으며 전환되더라도 에너지는 일정하게 보존된다.

01 다음 낱말의 뜻을 찾아 바르게 연결해 보세요.

1 열에너지 •

2 위치 에너지 •

3 운동 에너지 •

• **ㄱ** 물체의 온도와 관련된 에너지

• **ㄴ** 운동하고 있는 물체가 가지는 에너지

• **ㄷ** 어떤 위치에 있는 물체가 가지는 에너지

02 제시된 뜻과 예문을 참고하여 다음 초성에 해당하는 낱말을 빈칸에 쓰세요.

1 ㅈ ㄹ : 물체를 이루고 있는 물질의 고유한 양

  예 화학 반응이 일어나기 전과 후에 물질의 전체 (   )은 일정하다.

2 ㅁ ㅊ 다: 영향이나 작용 따위가 대상에 가하여지다.

  예 살충제는 생태계에 영향을 (   )므로 주의해서 사용해야 한다.

3 ㄷ ㄹ : 수력, 화력, 전력 등을 이용하여 기계를 움직이게 하는 힘

  예 지하철 전동차가 (   ) 전달 장치의 고장으로 운행이 중단되었다.

03 다음 문장에 들어갈 알맞은 낱말을 **보기**에서 찾아 쓰세요.

보기
| | 일정하다 | 유지하다 | 전환되다 |

1 물은 생명을 [   ]하는 데 가장 중요한 요소이다.

2 청소년 정책이 보다 적극적이고 현실적인 방향으로 [   ]되어야 할 것이다.

16 숨어 있는 수학을 찾아라

❶ 사람마다 보는 눈이 다르겠지만 일반적으로 누구나 아름답다고 여기는 대상이 있다. 학자들은 이 대상에서 황금비를 찾을 수 있다고 말한다. 아름다움의 대명사로 꼽히는 이집트의 네페르티티 왕비(왼쪽의 조각상 사진)나 중국의 양귀비는 물론, 밀로의 비너스 상이나 미켈란젤로의 다비드 상 같은 조각상에서도 말이다. 또 파르테논 신전이나 피라미드 같은 건축물에도 황금비가 쓰였다고 한다. 사실 수학에서 말하는 황금비는 숫자로 정해져 있지만, 앞에서 말한 예들에 이 숫자와 정확히 들어맞는 비율이 나타나지는 않는다. 그럼에도 우리는 어떤 대상이 아름답게 느껴질 때 그 대상에서 황금비가 느껴진다고 말한다.

❷ 황금비란 과연 무엇일까? 정오각형의 각 꼭짓점을 대각선으로 연결하면 별 모양이 생기고, 별 모양 안에는 작은 정오각형이 만들어진다. 고대 그리스의 수학자인 피타고라스는 별 모양에서 짧은 선분과 긴 선분이 $5 : 8(=1 : 1.6)$이라는 이상적인 비율, 즉 황금비를 발견하였다. 고대 그리스의 수학자인 유클리드는 황금비를 '한 선분을 전체 선분과 긴 선분의 비가 긴 선분과 짧은 선분의 비와 같도록 나누는 것'으로 정의하였다. 오른쪽 그림을 보자. 'AB : AC=AC : BC'인 경우(AB는

▲ 피타고라스가 발견한 황금비

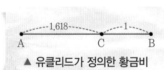

▲ 유클리드가 정의한 황금비

전체 선분, AC는 긴 선분, BC는 짧은 선분을 의미), '점 C는 선분 AB를 황금비로 나눈다.'라고 한다. 이 황금비는 소수 셋째 자리까지만 나타내어 1.618 : 1이 된다.

❸ 한편, 가로선과 세로선이 직각을 이루는 무늬인 격자무늬에서도 수학을 발견할 수 있다. 오른쪽 그림은 선을 오른쪽 위에서 왼쪽 아래로 2번, 왼쪽 위에서 오른쪽 아래로 3번 그은 격자무늬이다. 두 선이 만나는 점은 모두 6개인데, 이는 곧 $2×3=6$의 결과를 보여 준다.

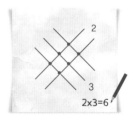

❹ 격자무늬를 이용한 곱셈법으로 겔로시아 곱셈법도 있다. '겔로시아'는 '격자'를 가리키는 말이다. 먼저, 곱하는 두 수의 자릿수에 맞추어 격자무늬의 네모 칸을 그린다. $25×13$을 계산한다고 하면 다음 그림과 같이 격자무늬에 대각선을 그리고, 네모 칸 위와 오른쪽에 곱

하려는 수인 25와 13을 적는다. 가로와 세로에 쓰인 두 수의 곱을 대각선으로 나뉜 두 칸에 쓴다. 2×1=2, 5×1=5, 2×3=6, 5×3=15를 각각 쓴다.(두 수의 곱이 한 자리인 경우에는 숫자 앞에 '0'을 붙인다.) 이어서 격자무늬의 대각선을 네모 칸의 밖으로 뺀 다음 사선에 있는 숫자들을 더해서 왼쪽에 적는다. 차례로 2, 12, 5가 나오는데, 이때 사선을 따라 더한 결과가 10을 넘으면, 10의 자리 수를 앞의 자리로 올려 준다. 즉, 12는 앞자리 수인 1을 100의 자리로 올린다. 그러면 100의 자리는 2+1=3, 10의 자리는 2, 1의 자리는 5가 되어 25×13의 답은 325가 된다.

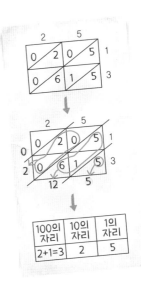

◆ **대명사**: 어떤 속성을 대표적으로 나타내는 것을 비유적으로 이르는 말
◆ **이상적**: 생각할 수 있는 범위 안에서 가장 완전하다고 여겨지는 것

글 내용 한눈에 보기 ●●●

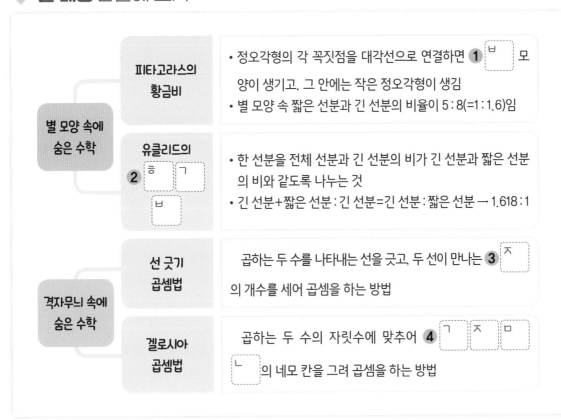

별 모양 속에 숨은 수학	피타고라스의 황금비	• 정오각형의 각 꼭짓점을 대각선으로 연결하면 ① [ㅂ] 모양이 생기고, 그 안에는 작은 정오각형이 생김 • 별 모양 속 짧은 선분과 긴 선분의 비율이 5 : 8(=1 : 1.6)임
	유클리드의 ② [ㅎ][ㄱ][ㅂ]	• 한 선분을 전체 선분과 긴 선분의 비가 긴 선분과 짧은 선분의 비와 같도록 나누는 것 • 긴 선분+짧은 선분 : 긴 선분=긴 선분 : 짧은 선분 → 1.618 : 1
격자무늬 속에 숨은 수학	선 긋기 곱셈법	곱하는 두 수를 나타내는 선을 긋고, 두 선이 만나는 ③ [ㅈ] 의 개수를 세어 곱셈을 하는 방법
	겔로시아 곱셈법	곱하는 두 수의 자릿수에 맞추어 ④ [ㄱ][ㅈ][ㅁ] [ㄴ] 의 네모 칸을 그려 곱셈을 하는 방법

글을 이해해요

내용 이해

01 황금비에 관한 설명으로 알맞지 <u>않은</u> 것은 무엇인가요? [✎   ]

① 어떤 대상이 아름답다고 느껴지는 이상적 비율이다.
② 유클리드의 황금비는 소수 셋째 자리까지만 나타낸다.
③ 피타고라스는 정오각형 안의 별 모양에서 황금비를 발견하였다.
④ 유클리드는 한 선분을 황금비로 나누는 한 점의 위치를 정의하였다.
⑤ 아름답다고 여겨지는 대상에서 발견되는 비율은 수학적 황금비에 딱 들어맞는다.

내용 추론

02 겔로시아 곱셈법에 대한 설명으로 알맞은 것은 무엇인가요? [✎   ]

① 별 모양을 그려서 곱셈을 한다.
② 두 선이 만나는 점의 개수를 세어 곱셈을 한다.
③ 피라미드와 같은 건축물을 지을 때 사용하였다.
④ 자릿수가 각각 두 자리인 두 수를 곱할 때 네모 칸은 4개가 된다.
⑤ 숫자의 자릿수를 나누어 적지 않고 숫자 전체를 곱하여 계산하는 방법이다.

내용 비판

03 겔로시아 곱셈법으로 72×43을 계산하는 과정입니다. 표의 빈칸에 들어갈 알맞은 숫자를 쓰세요.

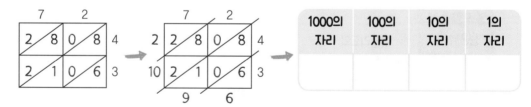

중심 내용 쓰기

04 이 글의 중심 내용을 한 문장으로 완성해 보세요.

> 별 모양이나 격자무늬 속에는 수학의 원리가 숨어 있는데, 별 모양에서 ✎_____
> 를 찾을 수 있고, ✎_____를 이용하여 곱셈을 할 수 있다.

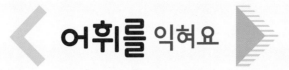
01 다음 낱말의 뜻을 찾아 바르게 연결해 보세요.

1 선분 •

2 황금비 •

3 이상적 •

• ㄱ 직선 위에서 그 위의 두 점에 한정된 부분

• ㄴ 생각할 수 있는 범위 안에서 가장 완전하다고 여겨지는 것

• ㄷ 한 선분을 두 부분으로 나눌 때에, 전체에 대한 큰 부분의 비와 큰 부분에 대한 작은 부분의 비가 같게 한 비

02 제시된 뜻과 예문을 참고하여 다음 초성에 해당하는 낱말을 빈칸에 쓰세요.

1 ㄷ ㅁ ㅅ : 어떤 속성을 대표적으로 나타내는 것을 비유적으로 이르는 말

예 황금은 부를 상징하는 (   )이다.

2 ㄱ ㅈ ㅁ ㄴ : 바둑판처럼 가로줄과 세로줄이 일정한 간격을 두고 직각으로 교차하는 무늬

예 스코틀랜드의 전통적인 (   )가 들어간 코트를 한 벌 장만했다.

03 다음 문장에 들어갈 알맞은 낱말을 보기에서 찾아 쓰세요.

보기

긋다   꼽히다   여기다   가리키다

1 그는 모든 일이 잘되고 있는 것으로 □□고 있다.

2 김 박사는 심장 수술의 일인자로 □□는 실력자이다.

3 탈춤이라는 용어는 본래 황해도 지방의 탈놀이를 □□□던 말이었다.

17 올바른 국기 게양 방법

1 국기는 한 나라를 상징하는 깃발이다. 국경일이나 기념일, 국가 간의 행사에서 사용되며 국민의 애국심을 고취하고 주권 국가로서의 존엄을 나타내는 데에 중요한 역할을 한다. 우리나라 국기인 태극기는 일제 강점기에는 독립운동의 구심점이 되었고, 오늘날에는 국제 사회에서 고난과 역경을 딛고 일어선 대한민국의 위상을 대표하고 있다. 이처럼 국기는 나라와 민족을 대표하는 신성한 표지이기 때문에 국기를 소중히 다루고 예법에 맞게 게양해야 한다.

2 올바른 국기 게양을 위해 지켜야 할 내용은 다음과 같다. 첫째, 국기를 게양하는 날이다. 법률에 의하여 국기 게양일로 정해진 날은 모두 7일이다. 그중 국경일은 삼일절(3월 1일), 제헌절(7월 17일), 광복절(8월 15일), 개천절(10월 3일), 한글날(10월 9일)이 있고, 기념일은 현충일(6월 6일)과 국군의 날(10월 1일)이 있다. 이 외에도 국가장 기간, 정부가 따로 지정한 날, 지방 자치 단체가 조례 또는 지방 의회의 의결로 정하는 날에도 국기를 게양할 수 있다.

3 둘째, 국기를 게양하는 위치와 방법이다. 국기는 언제나 왼쪽에 게양하는 것을 기본으로 하여 주택의 대문에서는 문 밖을 기준으로 왼쪽에, 아파트에서는 앞 베란다의 왼쪽에 세우도록 한다. 차량의 경우에도 전면을 기준으로 왼쪽에 세워야 한다. 또, 국기를 게양하는 방법은 그 목적에 따라 깃봉과 깃면 사이의 간격이 달라진다. 경축일 및 평일에는 깃봉과 깃면의 사이를 떼지 않고 게양하지만, 현충일이나 국가장과 같이 조의를 나타내는 날에는 깃봉에서 깃면 너비만큼 내려서 달도록 한다. 이를 조기(弔旗)라고 하는데, 국기를 조기로 게양할 경우에는 함께 게양하는 다른 기도 조기로 게양한다.

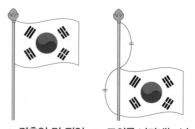

▲ 경축일 및 평일   ▲ 조의를 나타내는 날

4 셋째, 국기 게양 및 강하의 원칙이다. 국기는 비 또는 눈이 내리지 않는 날의 낮 시간에 게양하는 것이 기본이며, 비나 눈이 오고 멈추기를 반복할 때에는 기상 상황에 따라 수시로 강하하거나 게양하도록 한다. 또, 국기와 다른 기를 게양할 때에는 국기와 다른 기를 동시에 게양하거나 먼저 국기를 게양한 후 다른 기를 게양한다. 강하할 때에는 국기와 다른 기를 동시에 강하하거나 국기보다 다른 기를 먼저 강하해야 한다.

5 넷째, 국기와 다른 기의 배치 순서이다. 국기와 외국기를 같이 세울 때에는 단상을 기준으로 왼쪽에 태극기, 오른쪽에 외국기를 배치한다. 또 국기와 여러 외국기를 함께 세울 때에는 깃대의 수가 짝수이면 맨 왼쪽에 국기를 세우고, 깃대의 수가 홀수이면 한가운데에 국기를 세우도록 한다. 다만 외국기가 아닌 국제 연합기와 함께 게양을 하는 경우에는 국제 연합기를 가장 예우하여 짝수일 때는 왼쪽부터 국제 연합기, 국기, 외국기의 순서로 배치한다.

◆ **고취하고**: 어떤 사상이나 태도를 가지도록 북돋워 이끌고
◆ **구심점**: 중심적 역할을 하는 사람·단체·사상 따위를 비유적으로 이르는 말
◆ **위상**: 어떤 사물이 다른 사물과의 관계 속에서 가지는 위치나 상태
◆ **국가장**: 국가에서 주관하여 치르는 장례
◆ **조의**: 다른 사람의 죽음을 슬퍼하는 뜻

▼ **글 내용** 한눈에 보기 ●●●

국기 게양일

• **1** ⬚ㄱ ⬚ㄱ ⬚ㅇ (삼일절, 제헌절, 광복절, 개천절, 한글날)과 기념일(현충일, 국군의 날)
• 국가장 기간, 정부가 따로 지정한 날, 지방 자치 단체가 조례 또는 지방 의회의 의결로 정하는 날 등

국기 게양 위치와 방법

• 위치: 국기는 언제나 **2** ⬚ㅇ ⬚ㅉ 에 게양하는 것을 기본으로 함
• 방법: 경축일 및 평일에는 깃봉과 깃면의 사이를 떼지 않고 게양하고, **3** ⬚ㅈ ⬚ㅇ 를 나타내는 날에는 깃봉에서 깃면 너비만큼 내려서 달도록 함

올바른 국기 게양 방법

국기 게양 및 강하의 원칙

• 비나 눈이 오지 않는 날의 낮 시간에 게양하고, 비나 눈이 올 때는 국기를 강하하고 멈추면 다시 게양함
• 국기와 다른 기를 함께 게양할 때는 동시에 게양하거나 국기를 먼저 게양하고, 강하할 때는 동시에 강하하거나 국기보다 다른 기를 먼저 강하함

국기와 다른 기의 배치 순서

• 단상을 기준으로 왼쪽에 태극기, 오른쪽에 외국기를 배치함
• 국기와 외국기를 함께 세울 때는 깃대의 수가 짝수이면 맨 왼쪽에, 홀수이면 **4** ⬚ㅎ ⬚ㄱ ⬚ㅇ ⬚ㄷ 에 국기를 세움

글을 이해해요

내용 이해
01 이 글에 대한 설명으로 알맞은 것을 골라 보세요.

1 아파트에서는 국기를 앞 베란다의 [왼쪽 / 오른쪽]에 게양하도록 한다.

2 법률로 정해진 국기 게양일은 모두 7일로, 5일의 [명절 / 국경일]과 2일의 기념일이 있다.

3 조의를 나타내는 경우에는 국기를 깃봉에서 깃면 너비만큼 내려서 달도록 하는데, 이와 같은 방법으로 게양하는 국기를 [강하 / 조기]라고 한다.

내용 추론
02 국기 게양의 방법을 바르게 설명한 것은 무엇인가요? [ ]

① 법률로 정해진 7일의 국기 게양일에만 국기를 게양한다.
② 국기는 비 또는 눈이 내리지 않는 날의 밤 시간에 게양한다.
③ 조기를 게양할 때에 외국기는 주재국의 관례에 따라 게양한다.
④ 국경일에는 국기를 깃봉에서 깃면 너비만큼 내려서 달도록 한다.
⑤ 국기와 국제 연합기를 함께 게양하는 경우에는 국제 연합기를 가장 예우한다.

내용 비판
03 다음 그림을 보고 국기를 바르게 게양한 경우에는 〇, 바르지 않은 경우에는 ✕ 표시를 하세요.

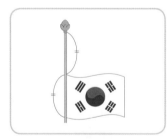

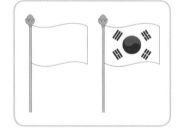

1 주택 대문에 게양할 때 ( )

2 현충일에 게양할 때 ( )

3 국기와 다른 기 하나를 게 양할 때 ( )

중심 내용 쓰기
04 이 글의 중심 내용을 한 문장으로 완성해 보세요.

> 국기는 ✎_____을 대표하는 신성한 표지이기 때문에 예법에 맞게
> ✎_____해야 한다.

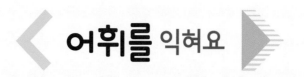
01 다음 낱말의 뜻을 찾아 바르게 연결해 보세요.

1 강하 •　　　　• ㄱ 예의를 지키어 정중하게 대우함

2 예우 •　　　　• ㄴ 높은 곳에서 아래로 향하여 내려옴

3 존엄 •　　　　• ㄷ 함부로 대하거나 가볍게 여길 수 없는 위엄

02 제시된 뜻과 예문을 참고하여 다음 초성에 해당하는 낱말을 빈칸에 쓰세요.

1 ㅈ ㅇ : 다른 사람의 죽음을 슬퍼하는 뜻

예 조기는 (　　　　　　)를 표하기 위해 깃봉에서 기의 한 폭만큼 내려서 다는 국기이다.

2 ㄱ ㄱ ㅈ : 국가에서 주관하여 치르는 장례

예 정부는 대통령의 장례를 (　　　　　)으로 치르기로 결정했다.

3 ㄱ ㅊ 하다: 어떤 사상이나 태도를 가지도록 북돋워 이끌다.

예 감독은 선수들의 사기를 (　　　　　)하기 위해 노력하였다.

03 다음 문장에 들어갈 알맞은 낱말을 **보기**에서 찾아 쓰세요.

보기

위상　　　　주권　　　　구심점　　　　국가장

1 국제 사회에서 우리나라의 [　　][　　]이 높아지고 있다.

2 임시 정부는 독립운동의 [　　][　　][　　] 역할을 하였다.

18 듣기 좋은 소음도 있다고요

① 공부를 하거나 일을 할 때, 조용한 공간에서는 집중을 하지 못하는 사람들이 있다. 이들은 너무 조용한 곳보다는 약간의 소음이 있는 곳에서 집중이 더 잘된다고 느낀다. 여기에는 여러 가지 이유가 있겠지만, 그중 백색 소음이 만들어 내는 효과도 한몫한다고 볼 수 있다. 소음은 보통 귀에 거슬리는 시끄러운 소리이지만, 백색 소음은 집중력을 향상시켜 주는 효과가 있는 것으로 알려져 있다. 백색 소음이 무엇이기에 집중력에 도움을 주는 것일까?

② 소음에는 특정 음높이를 유지하는 칼라 소음(color noise)과 넓은 음폭을 가지고 있는 백색 소음(white noise)이 있다. 백색 빛이 프리즘을 통과하면 여러 가지 종류의 색으로 나뉘는 것에 착안하여 백색(白色)이 모든 색을 가지고 있는 것처럼 넓은 음폭을 가진 소음에 백색 소음이라는 이름을 붙였다. 백색 소음은 넓은 음폭과 일정한 주파수를 가지고 있기 때문에 백색 소음이 있는 공간에서 사람들은 소리를 듣기는 하지만 그것이 어떤 음인지 뚜렷하게 구분하지 못한다. 백색 소음은 불규칙적이고 스트레스를 유발하는 일반 소음과 다르게 우리 귀에 익숙하면서도 거슬리지 않는 소음으로 사람들의 일상생활을 방해하지 않는다.

③ 백색 소음은 크게 자연적인 소리와 인위적인 소리로 나눌 수 있다. 자연적인 소리로는 비 오는 소리, 시냇물 흐르는 소리, 장작 타는 소리, 귀뚜라미 우는 소리와 같이 일정하게 반복되는 자연의 소리가 있고, 인위적인 소리로는 공기 청정기 소리, 선풍기 소리, 진공청소기 소리와 같이 균일하고 낮은 주파수의 기계음이 만드는 소리가 있다. 카페의 잔잔한 음악 소리나 70데시벨(dB) 미만의 적당한 대화 소리는 모두 인위적인 소리에 포함된다.

④ 칼라 소음은 자극적인 소리로 스트레스를 유발함으로써 고차원적인 사고와 기억을 방해하여 학업과 업무 성취도를 떨어뜨린다. 그러나 백색 소음은 주변의 잡음을 덮어 주어 집중력을 높여 주고 심리적 안정감을 불러온다. 백색 소음을 들려주었을 때의 뇌파 반응을 연구한 결과에 의하면, 불안 및 긴장과 관련된 베타파가 줄어들면서 안정감을 나타내는 알파파가 크게 증가한 것으로 나타났다. 또, 2012년 미국 시카고대학교 소비자연구저널의 연구에서는 백색 소음의 주파수에 해당하는 50~70데시벨(dB)의 소음을 듣고 있을 때는 그렇지 않을 때보다 집중력과 기억력이 증가한 반면, 스트레스 지수는 감소한 것으로 나타났다. 한국산업심리학회 연구에서도 백색 소음으로 인해 집중력은 47.7% 향상되었고, 학습에 소요된 시간은 13.63% 단축되었으며, 스트레스는 27.1% 감소하였다고 한다.

5 백색 소음은 현재 학습의 보조 도구나 개인 정보 보호, 스트레스 장애에 시달리는 환자들을 치료하는 보조적 수단 등에 활용되고 있다. 그러나 우리에게 도움을 주는 소음이라고 해도 지나치면 해로울 수 있다. 일부러 찾아 들으면 오히려 신경이 쓰여 집중도가 떨어질 수 있고, 오랜 시간 듣게 되면 귀에 해로울 수 있다. 특히 신생아에게 백색 소음을 너무 과도하게 들려주면 청각 신경의 손상이나 정서 장애를 초래할 수 있으므로 주의가 필요하다.

◆ **착안하여**: 어떤 일을 주의하여 보아
◆ **주파수**: 전파나 음파가 1초 동안에 진동하는 횟수
◆ **균일하고**: 한결같이 고르고
◆ **데시벨(decibel)**: 소리의 세기를 나타내는 단위

≫ **글 내용** 한눈에 보기 ●●●

소음의 유형	칼라 소음	특정 음높이를 유지하는 소음
	① [ㅂ][ㅅ] 소음	넓은 음폭과 일정한 주파수를 가지고 있는 소음
백색 소음의 종류	• 자연적인 소리: 비 오는 소리, 장작 타는 소리 등 일정하게 반복되는 자연의 소리 • 인위적인 소리: 선풍기 소리, 진공청소기 소리 등 균일하고 낮은 주파수의 기계음이 만드는 소리	
백색 소음의 효과	• **②** [ㅈ][ㅈ][ㄹ] 과 기억력이 증가함 • 스트레스 지수가 감소하고, 심리적 **③** [ㅇ][ㅈ][ㄱ] 을 느낌	
백색 소음의 활용	• **④** [ㅎ][ㅅ] 의 보조 도구나 개인 정보 보호 등에 활용됨 • 스트레스 장애 환자를 치료하는 보조 도구로 활용됨	
백색 소음 활용 시 주의점	• 일부러 찾아 들으면 신경이 쓰여 집중도가 떨어질 수 있음 • 오랜 시간 듣게 되면 **⑤** [ㄱ] 에 해로울 수 있음 • 신생아에게 과다하게 들려주면 청각 신경 손상과 정서 장애가 올 수 있음	

01 백색 소음에 대한 설명으로 알맞지 <u>않은</u> 것은 무엇인가요? [✎   ]

① 우리 귀에 익숙하면서도 거슬리지 않는 소음이다.
② 다양한 음높이의 소리가 합쳐져 넓은 음폭을 가지고 있다.
③ 특정 음높이를 가지고 있는 칼라 소음과 대비되는 이름이다.
④ 사람들이 뚜렷하게 구분할 수 없는 소리이기 때문에 일상생활을 방해한다.
⑤ 주변의 자극적인 소리를 덮어 주기 때문에 집중력과 안정감을 높이는 효과가 있다.

02 다음은 백색 소음과 관련된 연구 결과입니다. 빈칸에 들어갈 알맞은 말을 쓰세요.

백색 소음을 들려주었을 때 →

1 뇌파 반응 연구	베타파가 줄어들면서 ( )가 크게 증가함
2 미국 시카고대학의 연구	집중력, 기억력이 증가하고 ( ) 지수는 감소함
3 한국산업심리학회의 연구	집중력이 향상되고 학습에 소요된 시간이 ( )됨

03 이 글을 읽고 백색 소음에 대한 궁금증을 해결하지 <u>못한</u> 사람은 누구일까요? [✎   ]

① 혜연: 백색 소음의 종류에는 어떤 것들이 있을까?
② 한서: 백색 소음이라는 이름은 어떻게 지어졌을까?
③ 유나: 백색 소음의 주파수 대역은 정확히 얼마일까?
④ 태후: 백색 소음의 효과는 과학적으로 증명된 것일까?
⑤ 유민: 백색 소음은 모두에게 긍정적인 영향만 끼치는 것일까?

04 이 글의 중심 내용을 한 문장으로 완성해 보세요.

✎_____ 과 일정한 주파수를 가지고 있는 백색 소음은 ✎_____ 과 심리적 안정에 도움을 주지만, 지나치면 해로울 수 있으므로 주의하여 사용해야 한다.

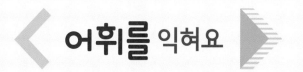

01 다음 낱말의 뜻을 찾아 바르게 연결해 보세요.

1 뇌파 •   • ㄱ 소리의 세기를 나타내는 단위

2 데시벨 •   • ㄴ 뇌의 활동에 의하여 일어나는 전류

3 주파수 •   • ㄷ 전파나 음파가 1초 동안에 진동하는 횟수

02 제시된 뜻과 예문을 참고하여 다음 초성에 해당하는 낱말을 빈칸에 쓰세요.

1 ㄱ ㅇ 하다: 한결같이 고르다.

예 이 도자기는 형태가 일정하고 두께도 (   )하다.

2 ㅊ ㅇ 하다: 어떤 일을 주의하여 보다.

예 그는 눈의 구조에 (   )하여 사진기를 발명하였다.

3 ㅅ ㅇ : 불규칙하게 뒤섞여 불쾌하고 시끄러운 소리

예 지금 아기가 자고 있으니 소리를 크게 낸다든가 (   )을 일으켜서는 안 된다.

03 다음 문장에 들어갈 알맞은 낱말을 보기에서 찾아 쓰세요.

보기

거슬리다   균일하다   착안하다   한몫하다

1 영호가 우리 팀의 우승에 당당히 [   ][   ]하였다.

2 오늘따라 동생은 얄밉게도 귀에 [   ][   ][   ]는 말만 늘어놓았다.

19 독이 되는 비난, 약이 되는 비판

❶ "좋은 약은 입에 쓰다."라는 말이 있다. 몸에 좋은 약은 건강에 도움을 주지만 쓴맛 때문에 먹기에는 괴롭다. 하지만 입에 쓰다고 해서 약을 먹지 않는다면 빨리 병을 고칠 수 없을 것이다. 비판도 마찬가지이다. 몸에 좋은 약이 입에 쓰듯이 자기에게 이로운 비판은 귀에 거슬리는 법이다. 하지만 듣기 싫다고 하여 비판하기를 꺼리거나 비판을 제대로 듣지 않는다면 갈등이 심해지고 문제가 더 커질 수 있다. 갈등이나 문제를 해결하여 건강한 사회를 만들기 위해서는 올바른 비판 문화를 형성할 필요가 있다.

❷ 올바른 비판 문화를 형성하기 위해서는 먼저 비판과 비난의 의미를 정확하게 알고 비난이 아닌 비판을 할 줄 알아야 한다. 많은 사람들이 비판과 비난을 혼동하거나 아예 같은 의미로 알고 있는 경우가 있는데, 비판과 비난은 엄연히 다르다. 비판은 어떤 행동이나 의견에 대해 객관적 사실에 근거하여 이성적으로 판단하여 말하는 것이다. 반면, 비난은 감정만 앞세워서 타당한 이유 없이 상대방을 헐뜯는 것이다. 비판과 비난은 둘 다 한자어인데 한자의 뜻을 살펴보면 그 차이가 더욱 두드러진다. '비판(批判)'의 '비(批)'는 '평가하다'라는 뜻이다. 반면, '비난(非難)'의 '비(非)'는 '헐뜯다, 비방하다'라는 뜻이다. 예를 들어, 친구의 글을 읽고 "네 글이 잘 이해되지 않아. 이 부분에서 자세한 예를 들어 주면 더 좋을 것 같아."라고 말하는 것은 비판이라고 할 수 있다. 그러나 "너는 글을 참 못 쓰는 것 같아."라고만 말하는 것은 비난에 가깝다. 비판은 부족한 점을 흠잡는 것이 아니라 부족한 점을 보완할 수 있도록 상대방에게 도움을 주는 것이어야 한다.

❸ 그렇다면 올바른 비판을 하기 위해서는 어떻게 해야 할까? 비판을 할 때에는 상대방을 존중하는 태도를 보여야 한다. 그리고 타당한 이유를 들어 말해야 하며, 문제를 해결할 수 있는 대안을 함께 제시해야 한다. 한편, 비판을 들을 때에는 상대방의 말을 무조건 받아들일 것이 아니라, 자신의 생각과 비교하여 받아들여야 한다. 그리고 상대방의 말을 경청하고 감사의 뜻을 표현해야 한다. 비판의 말을 듣고도 반응을 하지 않거나 화를 낸다면 자칫 다툼으로 번질 수 있다. 비판의 말을 하는 입장에서도 어렵고 조심스럽기 때문에 자신의 발전을 위해 의견을 제시해 준 상대방의 노력에 감사와 존중의 마음을 가져야 한다.

정답과 해설 42쪽

4 비판의 의미를 잘못 이해하여 바르게 비판하지 못하면 상대방에게 상처를 주거나 상대방으로부터 상처를 받기 쉽다. 따라서 비판의 의미를 제대로 이해하고 올바른 비판 문화를 만들어 가야 한다. 올바른 비판은 우리 사회를 성숙하고 아름답게 만드는 디딤돌이 될 것이다.

◆ **혼동하거나:** 구별하지 못하고 뒤섞어서 생각하거나
◆ **헐뜯는:** 남을 해치려고 흠을 들추어내어 말하는
◆ **경청하고:** 귀를 기울여 듣고
◆ **디딤돌:** 어떤 문제를 해결하는 데에 바탕이 되는 것을 비유적으로 이르는 말

글 내용 한눈에 보기 ●●●

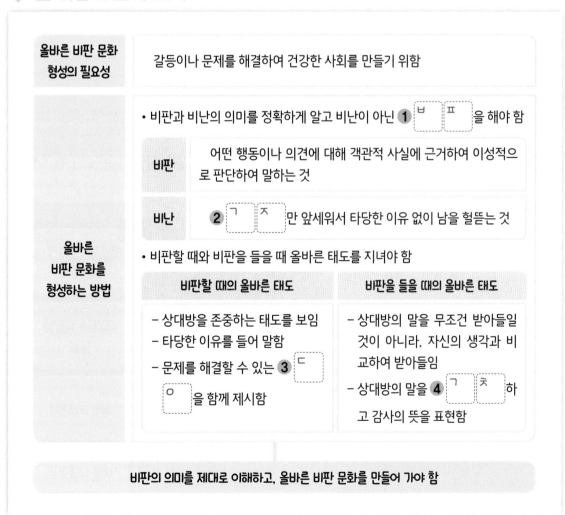

내용 이해

01 이 글에 대한 설명으로 알맞지 <u>않은</u> 것은 무엇인가요?

① 속담을 사용하여 읽는 이가 호기심을 갖도록 했다.

② 비판과 비난의 뜻풀이를 통해 차이점을 강조하고 있다.

③ 전문가의 말을 인용하여 글쓴이의 주장을 뒷받침하고 있다.

④ 비판과 비난의 예시를 보여 주어 읽는 이의 이해를 돕고 있다.

⑤ 글쓴이가 하고자 하는 말을 마지막에 다시 한번 강조하고 있다.

내용 추론

02 이 글의 글쓴이가 말하고자 하는 바는 무엇일까요?

① 비판과 비난을 하지 않아야 성숙한 사회를 만들 수 있다.

② 비판을 들을 때에는 경청하며 듣고 무조건 받아들여야 한다.

③ 상대방에게 도움이 되는 비난이라면 기꺼이 말해 주어야 한다.

④ 비판의 의미를 제대로 이해하고 올바른 비판 문화를 만들어 가야 한다.

⑤ 문제점에 대한 비판은 해 주되, 대안은 상대방 스스로 찾도록 해야 한다.

내용 비판

03 이 글을 바탕으로 할 때, 올바른 태도를 보이고 있지 <u>않은</u> 사람이 누구인지 쓰세요.

[   ]

> **해준** 비판을 할 때에는 자신의 의견에 대한 타당한 근거를 들어서 말을 해야 해.

> **정우** 비판은 상대방의 부족한 점을 흠잡는 것이니까 문제점을 명확하게 지적해 주는 것이 좋아.

> **현진** 비판하는 말을 들었을 때에는 어렵게 말을 꺼낸 상대방에게 감사의 뜻을 전해야 해.

중심 내용 쓰기

04 이 글의 중심 내용을 한 문장으로 완성해 보세요.

> 건강한 사회를 만들기 위해서는 ⌀_____를 제대로 이해하고 ⌀_____
> _____를 형성해야 한다.

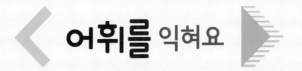

01 다음 낱말의 뜻을 찾아 바르게 연결해 보세요.

1 엄연히 •

2 타당하다 •

3 혼동하다 •

• **ㄱ** 일의 이치로 보아 옳다.

• **ㄴ** 구별하지 못하고 뒤섞어서 생각하다.

• **ㄷ** 어떠한 사실이나 현상이 부인할 수 없을 만큼 뚜렷하게

02 제시된 뜻과 예문을 참고하여 다음 초성에 해당하는 낱말을 빈칸에 쓰세요.

1 ⬚ㄱ⬚ ⬚ㅊ⬚ 하다: 귀를 기울여 듣다.

　예 오랜 시간 (　　　　　)해 주셔서 감사합니다.

2 ⬚ㅎ⬚ ⬚ㄸ⬚ 다: 남을 해치려고 흠을 들추어내어 말하다.

　예 뒤에서 남을 (　　　　　)고 비난하지 마라.

3 ⬚ㄷ⬚ ⬚ㄷ⬚ ⬚ㄷ⬚ : 어떤 문제를 해결하는 데에 바탕이 되는 것을 비유적으로 이르는 말

　예 부모님은 내가 성공하는 데에 (　　　　　)이 되어 주셨다.

03 다음 문장에 들어갈 알맞은 낱말을 보기 에서 찾아 쓰세요.

> **보기**
>
> 　　　꺼리다　　　이롭다　　　흠잡다　　　비방하다

1 형은 내가 하는 일에 사사건건 ⬚⬚으려 든다.

2 청소년에게 담배가 ⬚⬚지 않은 것은 분명하다.

3 남을 무턱대고 ⬚⬚하여 자신에게 득이 될 것은 없다.

20 쓰레기도 다시 보자, 업사이클링

❶ 환경 문제를 걱정하는 사람들이 늘어나면서 환경을 보호하는 일에 대한 관심이 높아졌다. 일상생활 속에서 실천할 수 있는 환경 보호 활동으로는 쓰레기 분리수거하기, 일회용품 덜 쓰기, 에너지 절약하기, 재활용품 사용하기 등을 떠올릴 수 있다. 그러나 사람들은 쓰레기를 단순히 재활용하는 차원을 넘어서 좀 더 가치 있는 활동을 추구하게 되었고, 이에 따라 폐기물을 활용하여 새로운 제품을 창출하는 업사이클링(Upcycling)이 주목받고 있다.

❷ 업사이클링(Upcycling)은 '개선하다'라는 의미의 '업그레이드(Upgrade)'와 '재활용'이라는 의미의 '리사이클링(Recycling)'이 합쳐진 말로, 버려지거나 다 쓴 물건을 디자인이나 활용성을 더해 새로운 제품으로 재탄생시키는 것을 뜻한다. 버려진 물건을 수선하여 재사용하는 리사이클링의 상위 개념으로, 단순히 재활용하는 차원에서 더 나아가 새로운 가치를 더해 전혀 다른 제품으로 재창조하는 것이다. 예를 들어 포장 박스의 디자인을 바꾸어 수납함을 만들거나, 플라스틱 병이나 재활용 의류 등을 이용하여 옷이나 가방, 소품 등을 만들거나, 버려진 현수막으로 장바구니를 만드는 경우가 이에 해당한다.

❸ 리사이클링은 재활용할 물건을 수거하여 재처리하는 과정에서 많은 에너지를 소모하고 이산화탄소를 발생시키는 등의 문제점을 안고 있다. 반면에 업사이클링은 별도의 재처리 과정 없이 필요 없는 물건으로 새로운 제품을 만드는 것이기 때문에 매립하거나 소각해야 하는 쓰레기의 양을 줄이고 재처리에 쓰이는 자원의 낭비도 막을 수 있어서 더욱 친환경적이라고 할 수 있다.

❹ 환경을 보호하면서 경제적 가치를 창출할 수 있다는 점에서 많은 사람들이 업사이클링 활동에 관심을 가지고 있으며, 사회적 기업들도 업사이클링을 통한 상품들을 출시하고 있다. 스위스의 한 기업에서 트럭의 방수 덮개를 활용하여 독특한 디자인의 가방을 제작한 것을 시작으로, 폐현수막과 자전거 타이어, 안전벨트 끈 등을 활용한 가방, 폐금속을 가공해 만든 전등 등 다양한 재료를 이용한 독창적이고도 친환경적인 제품들이 곳곳에서 생산되고 있다. 업사이클링 제품은 버려진 물건을 소재로 하여 하나하나 수작업으로 만들기 때문에 모두 다른 모양으로 제작된다. 세상에서 단 하나뿐인 제품이라는 점이 소비자들의 구매 욕구를 자극하고, 아울러 환경 보호 활동에 참여한다는 의미까지 부여받을 수 있어서 많은 사람들에게 사랑을 받고 있다. 이전에는 주로 패션이나 잡화 관련 제품이 많이 만들어졌

으나, 최근에는 미술이나 인테리어 등의 분야에서도 활용되어 업사이클링이 하나의 산업으로 발전하고 있는 추세이다.

5 그렇다면 생활 속에서 업사이클링을 실천할 수 있는 방법은 무엇일까? 우선 버려진 것들에 관심을 가지고, 그것을 새로운 물건이 될 수 있는 재료로 바라보는 자세가 필요하다. 폐타이어를 활용해 미끄러지지 않는 신발을 만든 것도 폐타이어를 쓰레기가 아닌 신발의 밑창이 될 수 있는 재료로 보았기 때문에 가능했다. 쓰레기도 소중한 자원이 될 수 있다는 사실을 깨닫고 가치 있는 재활용 방법을 고민하는 것이 업사이클링의 시작이 아닐까?

◆ **창출하는:** 전에 없던 것을 처음으로 생각하여 지어내거나 만들어 내는
◆ **매립하거나:** 우묵한 땅이나 하천, 바다 등을 돌이나 흙 따위로 채우거나
◆ **소각해야:** 불에 태워 없애 버려야

❯❯ 글 내용 한눈에 보기 ●●●

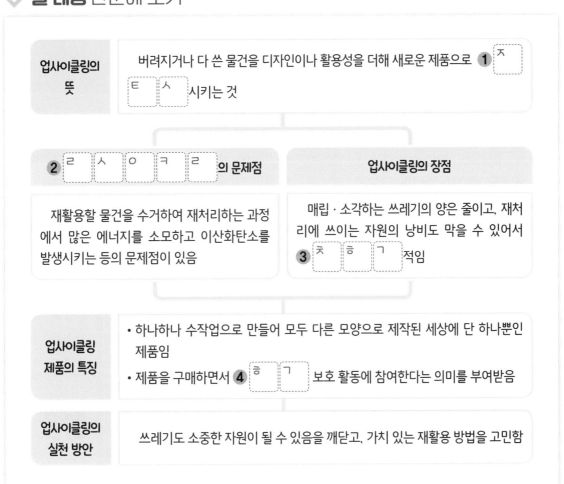

업사이클링의 뜻	버려지거나 다 쓴 물건을 디자인이나 활용성을 더해 새로운 제품으로 **1** [ㅈ][ㅌ][ㅅ] 시키는 것

2 [ㄹ][ㅅ][ㅇ][ㅋ][ㄹ]의 문제점	업사이클링의 장점
재활용할 물건을 수거하여 재처리하는 과정에서 많은 에너지를 소모하고 이산화탄소를 발생시키는 등의 문제점이 있음	매립·소각하는 쓰레기의 양은 줄이고, 재처리에 쓰이는 자원의 낭비도 막을 수 있어서 **3** [ㅊ][ㅎ][ㄱ]적임

업사이클링 제품의 특징	• 하나하나 수작업으로 만들어 모두 다른 모양으로 제작된 세상에 단 하나뿐인 제품임 • 제품을 구매하면서 **4** [ㅎ][ㄱ] 보호 활동에 참여한다는 의미를 부여받음
업사이클링의 실천 방안	쓰레기도 소중한 자원이 될 수 있음을 깨닫고, 가치 있는 재활용 방법을 고민함

글을 이해해요

내용 추론
01 이 글에서 다루고 있지 <u>않은</u> 내용은 무엇일까요? [✎   ]

① 업사이클링의 어원
② 리사이클링의 문제점
③ 리사이클링의 발전 방안
④ 업사이클링을 활용한 산업
⑤ 업사이클링의 상업적 제품의 시초

내용 이해
02 업사이클링에 대한 설명으로 알맞지 <u>않은</u> 것은 무엇인가요? [✎   ]

① 매립·소각하는 쓰레기의 양을 줄일 수 있다.
② 상업적 활용은 패션이나 잡화 분야에 한정되어 있다.
③ 버려진 물건을 별도의 재처리 과정을 거치지 않고 사용한다.
④ 버려지거나 다 쓴 물건을 소재로 하여 새로운 제품을 만든다.
⑤ 하나하나 수작업으로 제품을 생산하기 때문에 모양이 제각각 다르다.

내용 비판
03 업사이클링을 실천한 사례로 알맞지 <u>않은</u> 것은 무엇일까요? [✎   ]

① 작아진 양말로 인형을 만든 철우
② 우유갑으로 연필꽂이를 만든 수진
③ 안 입는 바지로 앞치마를 만든 우림
④ 빈 유리병을 세척하여 다시 사용한 영은
⑤ 텔레비전 포장 박스로 강아지 집을 만든 수미

중심 내용 쓰기
04 이 글의 중심 내용을 한 문장으로 완성해 보세요.

> 폐기물을 소재로 하여 디자인이나 활용성을 더해 ✎_____으로 재탄생
> 시키는 업사이클링은 환경 보호는 물론 ✎_____를 창출할 수 있어 다양한
> 분야에서 활용되고 있다.

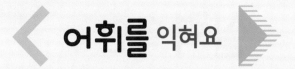
01 다음 낱말의 뜻을 찾아 바르게 연결해 보세요.

1 매립 •

2 소각 •

3 수거 •

• ㄱ 거두어 감

• ㄴ 불에 태워 없애 버림

• ㄷ 우묵한 땅이나 하천, 바다 등을 돌이나 흙 따위로 채움

02 제시된 뜻과 예문을 참고하여 다음 초성에 해당하는 낱말을 빈칸에 쓰세요.

1 ⬚ㅂ⬚ ⬚ㄷ⬚ : 원래의 것에 덧붙여서 추가한 것

예 입학금을 마련하기 위해 (　　　　)의 적금을 들어 두었다.

2 ⬚ㅊ⬚ ⬚ㅅ⬚ : 어떤 현상이 일정한 방향으로 나아가는 방향

예 전 세계적으로 당뇨병이 증가하는 (　　　　)이다.

3 ⬚ㅊ⬚ ⬚ㅊ⬚ 하다: 전에 없던 것을 처음으로 생각하여 지어내거나 만들어 내다.

예 교육의 주된 기능은 지식을 전달하고 (　　　　)하는 것이다.

03 다음 문장에 들어갈 알맞은 낱말을 보기에서 찾아 쓰세요.

보기
| 개선하다 | 소모하다 | 주목하다 | 제작하다 |

1 사소한 일에 시간을 ⬚⬚ 하지 마라.

2 그는 체질을 ⬚⬚ 하기 위해 병원을 찾았다.

3 여러분, 잠깐 여기를 ⬚⬚ 하여 주시기 바랍니다.

실력 확인

▲ 글의 문단별 내용을 정리하고 주제를 써 보아요.

01 우리를 아프게 하는 욕

본문 8~9쪽

1문단 ☐을 사용하는 청소년들의 언어생활에 대한 문제를 제기함

2문단 욕을 많이 사용하면 ☐☐☐이 떨어짐

3문단 욕을 많이 사용하면 ☐☐을 조절하기 어려워짐

4문단 욕은 듣는 사람의 ☐를 손상시킴

5문단 욕을 사용하지 말 것을 당부함

✍주제 ☐을 사용할 때 발생하는 ☐☐☐

02 정리 정돈의 달인 되기

본문 12~13쪽

1문단 ☐☐를 정하고 정리 정돈을 시작해야 함

2문단 정리 정돈하는 순서 ①: 정리할 ☐☐의 물건 꺼내기

3문단 정리 정돈하는 순서 ②: 필요한 물건과 필요 없는 물건 ☐☐☐

4문단 정리 정돈하는 순서 ③: ☐☐한 물건만 다시 넣기

5문단 정리 정돈을 습관화할 때의 ☐☐

✍주제 ☐☐☐☐을 잘하는 방법

03 젓가락 삼국지

본문 16~17쪽

1문단 젓가락의 모양은 그 나라의 ☐☐ 문화를 보여 줌

2문단 ☐☐ 젓가락의 특징

3문단 ☐☐ 젓가락의 특징

4문단 ☐☐ 젓가락의 특징

✍주제 중국, 한국, 일본의 ☐☐☐ 문화

88

본문 바로가기

04 골칫거리가 된 플라스틱

본문 20~21쪽

①문단 지구를 병들게 하는 ☐☐☐ 쓰레기

②문단 플라스틱 쓰레기가 모여 만들어진 플라스틱 ☐

③문단 미세 플라스틱이 해양 ☐☐에게 주는 피해

④문단 미세 플라스틱이 ☐☐에게 주는 피해

⑤문단 우리 생활 속에서 플라스틱 쓰레기를 ☐☐☐ 방법

주제 ☐☐☐ 문제의 심각성 및 플라스틱 쓰레기를 줄이는 방법

05 지방, 너무 미워하지 마세요

본문 24~25쪽

①문단 지방에 대한 사람들의 ☐☐☐ 인식

②문단 우리 몸에서 지방이 하는 ☐☐

③문단 지방의 종류 ①: ☐☐ 지방산

④문단 지방의 종류 ②: 불포화지방산과 ☐☐☐ 지방

⑤문단 지방을 ☐☐하게 먹는 방법

주제 ☐☐의 역할과 ☐☐

06 까마귀는 억울해

본문 28~29쪽

①문단 ☐☐☐에 대한 부정적 인식

②문단 사람들이 까마귀를 ☐☐로 생각하는 이유

③문단 까마귀의 특성 ①: 매우 ☐☐함

④문단 까마귀의 특성 ②: ☐☐이 지극함

⑤문단 까마귀의 ☐☐☐인 면 강조

주제 ☐☐☐에 대한 인식 및 ☐☐

실력 확인

07 디지털 기술로 문화재를 지키다

본문 32~33쪽

1문단 문화재 ☐☐ 및 ☐☐ 에 활용되는 디지털 기술

2문단 디지털 기술 ①: 문화재 검사 단계에서 주로 사용하는 ☐☐ 촬영

3문단 디지털 기술 ②: 레이저 광선을 이용하여 대상의 구조를 파악하는 3차원 ☐☐☐

4문단 디지털 기술 ③: 무형 문화재 보존에 유용한 컴퓨터 ☐☐☐

5문단 디지털 기술 활용의 이로운 점 및 ☐☐ 기술에 대한 전망

주제 ☐☐☐ 보존 및 복원에 쓰이는 ☐☐☐ 기술

08 슈퍼 문의 신비

본문 36~37쪽

1문단 ☐☐☐ 의 개념 및 태양과 지구, 달의 위치에 따른 슈퍼 문의 모양

2문단 ☐☐☐ 이 나타나는 경우

3문단 ☐☐☐ 이 나타나는 경우와 ☐☐☐ 의 특징

4문단 ☐☐ 과 ☐☐ 이 생기는 원리

5문단 슈퍼 문이 뜰 때 ☐☐☐ 이 높아지는 이유

주제 ☐☐☐ 이 나타나는 경우와 ☐☐☐ 이 뜰 때 일어나는 현상

09 작아서 더 무서운 미세 먼지

본문 40~41쪽

1문단 ☐☐☐☐ 의 관측 현황

2문단 미세 먼지의 개념 및 미세 먼지의 ☐☐☐

3문단 미세 먼지의 ☐☐☐☐

4문단 미세 먼지에 ☐☐ 하기 위한 노력

주제 ☐☐☐ 의 발생 원인 및 ☐☐ 방안

본문
바로가기

10 꽃처럼 아름다운 담, 꽃담

본문 44~45쪽

1 문단 ☐ 을 쌓는 까닭과 그 유래

2 문단 ☐☐ 의 개념과 기능

3 문단 꽃담에 쓰이는 ☐☐

4 문단 꽃담의 ☐☐☐ 및 오늘날 남아 있는 꽃담

주제 ☐☐ 의 기능 및 특성

11 시력의 모든 것

본문 48~49쪽

1 문단 ☐☐ 의 개념 및 우리 ☐ 으로 대상을 보는 과정

2 문단 ☐☐☐☐ 를 이용한 시력 측정 방법

3 문단 눈 상태에 따라 달라지는 시력 ☐☐ 방법

주제 ☐ 으로 대상을 보는 과정 및 시력의 ☐☐ 과 교정 방법

12 다수결의 함정

본문 52~53쪽

1 문단 ☐☐☐ 의 뜻

2 문단 다수결의 ☐☐

3 문단 다수결의 ☐☐

4 문단 다수결의 ☐☐

5 문단 다수결을 사용할 때 ☐☐ 할 점

주제 ☐☐☐ 의 장단점과 ☐☐☐ 을 사용할 때 유의할 점

실력 확인

13 우리 문화재 지킴이, 간송 전형필

①문단 ☐☐ 전형필에 대한 소개

②문단 ☐☐☐ 의 출생과 성장

③문단 우리 ☐☐☐ 를 지키기 위해 노력한 전형필

④문단 문화재의 가치를 판단하여 ☐ 을 치른 전형필

⑤문단 『☐☐☐ 해례본』을 지켜 낸 전형필

⑥문단 우리나라 최초의 ☐☐☐ 을 세운 전형필

⑦문단 우리 민족의 ☐☐ 와 ☐☐ 를 지켜 낸 전형필

✏ **주제** 우리 ☐☐☐ 를 지키는 데 자신의 ☐☐ 과 ☐☐ 을 바친 전형필

14 아프리카의 이상한 국경선

본문 60~61쪽

①문단 일반적인 국경선의 모양과 다른 ☐☐☐☐ 의 국경선

②문단 ☐☐☐ 이 만들어지기 전 아프리카 원주민들의 삶

③문단 유럽 ☐☐☐ 들이 아프리카 대륙의 영토를 두고 협상을 한 베를린 회의

④문단 ☐☐ 회의 이후 달라진 아프리카 국경선의 모양과 원주민들의 삶

✏ **주제** ☐☐☐☐ 의 국경선이 ☐☐ 모양인 이유와 그로 인한 문제

15 에너지가 변신해요

본문 64~65쪽

①문단 김연아 선수의 점프에 숨어 있는 ☐☐☐ 원리

②문단 ☐☐ 에너지와 ☐☐ 에너지의 뜻과 크기

③문단 에너지의 ☐☐

④문단 에너지의 ☐☐

⑤문단 피겨 스케이팅 점프에서 알 수 있는 에너지의 ☐☐

✏ **주제** ☐☐ 에너지와 ☐☐ 에너지의 ☐☐ 과 ☐☐

본문 바로가기

16 숨어 있는 수학을 찾아라

본문 68~69쪽

❶문단 누구나 아름답다고 여기는 대상에서 찾을 수 있는 ☐☐☐

❷문단 ☐ 모양에서 황금비를 발견한 피타고라스와 황금비를 정의한 유클리드

❸문단 ☐☐☐☐를 만들어 곱셈을 하는 선 긋기 곱셈법

❹문단 격자무늬를 이용한 ☐☐☐☐ 곱셈법

✍주제 별 모양과 격자무늬에 숨어 있는 ☐☐의 원리

17 올바른 국기 게양 방법

본문 72~73쪽

❶문단 ☐☐의 역할 및 올바른 국기 게양의 필요성

❷문단 올바른 국기 게양을 위해 지켜야 할 것 ①: 국기 ☐☐

❸문단 올바른 국기 게양을 위해 지켜야 할 것 ②: 국기 게양의 ☐☐와 방법

❹문단 올바른 국기 게양을 위해 지켜야 할 것 ③: 국기 게양 및 ☐☐의 원칙

❺문단 올바른 국기 게양을 위해 지켜야 할 것 ④: 국기와 다른 기의 ☐☐ 순서

✍주제 ☐☐를 올바르게 ☐☐하는 방법

18 듣기 좋은 소음도 있다고요

본문 76~77쪽

❶문단 ☐☐☐ 향상에 도움을 주는 백색 소음

❷문단 소음의 유형과 ☐☐☐☐의 특징

❸문단 백색 소음의 ☐☐

❹문단 백색 소음의 ☐☐에 대한 연구 결과

❺문단 백색 소음의 활용과 활용 시 ☐☐☐

✍주제 ☐☐☐☐의 특징과 효과

19 독이 되는 비난, 약이 되는 비판

본문 80~81쪽

1 문단 올바른 □□ 문화 형성의 필요성

2 문단 비판과 □□ 의 차이점

3 문단 비판할 때와 비판을 들을 때의 올바른 □□

4 문단 올바른 비판 문화 형성의 필요성 강조

주제 올바른 □□□□ 의 형성

20 쓰레기도 다시 보자, 업사이클링

본문 84~85쪽

1 문단 □□□□ 활동으로 주목받고 있는 업사이클링

2 문단 □□□□□ 의 뜻과 예

3 문단 □□□□□ 과 업사이클링의 비교

4 문단 업사이클링 제품의 □□ 및 다양한 분야에서 활용되는 업사이클링

5 문단 업사이클링의 □□□

주제 □□□□□ 의 장점 및 다양한 활용

memo

memo

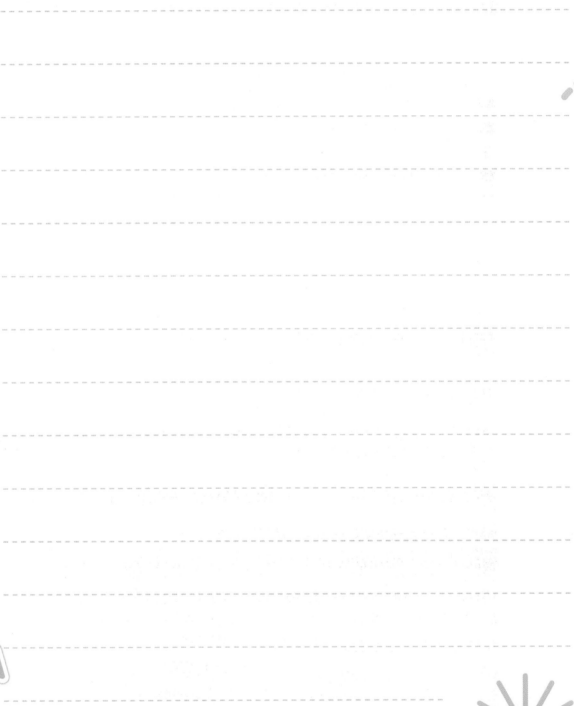

ⓦ 완자

공부력

정답과 해설

독해

×

초등 국어

6A

A

5-6학년

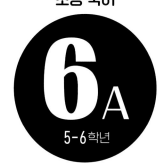

책 속의 가접 별책 (특허 제 0557442호)

'정답과 해설'은 진도책에서 쉽게 분리할 수 있도록 제작되었으므로
유통 과정에서 분리될 수 있으나 파본이 아닌 정상 제품입니다.

ABOVE IMAGINATION

우리는 남다른 상상과 혁신으로
교육 문화의 새로운 전형을 만들어
모든 이의 행복한 경험과 성장에 기여한다

완자

공부력

초등 국어
독해 6A

· · · ·

정답과 해설

완자 공부력 가이드

완자 공부력 시리즈는
앞으로도 계속 출간될 예정입니다.

**국어
맞춤법
바로 쓰기**
1~2학년용
4책

쓰기력

**전과목
어휘**
1~6학년용
12책

**전과목
한자
어휘**
1~6학년용
12책

**영어
파닉스**
1~2학년용
2책

**영어
영단어**
3~6학년용
8책

어휘력

**국어
독해**
1~6학년용
12책

**한국사
독해**
인물편
3~6학년용
4책

**한국사
독해**
시대편
3~6학년용
4책

독해력

**수학
계산**
1~6학년용
12책

계산력

완자 공부력 시리즈로 공부 근육을 키워요!

매일 성장하는
초등 자기개발서

ⓦ 완자
공부력

학습의 기초가 되는 읽기, 쓰기, 셈하기와 관련된
공부력을 키워야 여러 교과를 터득하기 쉬워집니다.
또한 어휘력과 독해력, 쓰기력, 계산력을 바탕으로 한
'공부력'은 자기주도 학습으로 상당한 단계까지 올라갈 수
있는 밑바탕이 되어 줍니다. 그래서 매일 꾸준한 학습이
가능한 '**완자 공부력 시리즈**'로 공부하면 자기주도 학습이
가능한 튼튼한 공부 근육을 키울 수 있을 것이라 확신합니다.

효과적인 공부력 강화 계획을 세워요!

○ 학년별 공부 계획

내 학년에 맞게 꾸준하게 공부 계획을 세워요!

		1-2학년	3-4학년	5-6학년
기본	독해	국어 독해 1A 1B 2A 2B	국어 독해 3A 3B 4A 4B	국어 독해 5A 5B 6A 6B
	계산	수학 계산 1A 1B 2A 2B	수학 계산 3A 3B 4A 4B	수학 계산 5A 5B 6A 6B
	어휘	전과목 어휘 1A 1B 2A 2B	전과목 어휘 3A 3B 4A 4B	전과목 어휘 5A 5B 6A 6B
		파닉스 1 2	영단어 3A 3B 4A 4B	영단어 5A 5B 6A 6B
확장	어휘	전과목 한자 어휘 1A 1B 2A 2B	전과목 한자 어휘 3A 3B 4A 4B	전과목 한자 어휘 5A 5B 6A 6B
	쓰기	맞춤법 바로 쓰기 1A 1B 2A 2B		
	독해		한국사 독해 인물편 1 2 3 4	
			한국사 독해 시대편 1 2 3 4	

○ 시기별 공부 계획

학기 중에는 **기본**, 방학 중에는 **기본 + 확장**으로 공부 계획을 세워요!

방학 중			
학기 중			
기본			**확장**
독해	계산	어휘	어휘, 쓰기, 독해
국어 독해	수학 계산	전과목 어휘 파닉스(1~2학년) 영단어(3~6학년)	전과목 한자 어휘 맞춤법 바로 쓰기(1~2학년) 한국사 독해(3~6학년)

예시 초1 학기 중 공부 계획표 주 5일 하루 3과목 (45분)

월	화	수	목	금
국어 독해	국어 독해	국어 독해	국어 독해	국어 독해
수학 계산	수학 계산	수학 계산	수학 계산	수학 계산
전과목 어휘	파닉스	전과목 어휘	전과목 어휘	파닉스

예시 초4 방학 중 공부 계획표 주 5일 하루 4과목 (60분)

월	화	수	목	금
국어 독해	국어 독해	국어 독해	국어 독해	국어 독해
수학 계산	수학 계산	수학 계산	수학 계산	수학 계산
전과목 어휘	영단어	전과목 어휘	전과목 어휘	영단어
한국사 독해 인물편	전과목 한자 어휘	한국사 독해 인물편	전과목 한자 어휘	한국사 독해 인물편

우리를 아프게 하는 욕

코칭 Tip 이 글은 욕을 사용할 때 발생하는 문제점을 설명하며 욕을 사용하지 말 것을 주장하고 있는 글입니다. 욕에 대한 글쓴이의 의견과 이를 뒷받침하는 내용이 무엇인지를 파악하며 글을 읽을 수 있도록 합니다.

① "진아야, 오늘 학교에서 생활하면서 느꼈던 감정을 그대로 말해 볼래? 다만 한 가지 조건이 있어. 욕을 사용하지
않고 말하는 거야."

"……."

"응? 왜 말을 안 하니?"

"선생님, 욕을 사용하지 않고는 말을 못하겠어요."

위의 상황처럼 욕을 하는 것에 익숙해진 청소년들은 일상생활에서 욕을 빼고 대화하는 데 어려움을 느낀다고 한다.
실제로 우리나라 초·중·고 학생을 대상으로 설문 조사를 한 결과, 평소에 욕을 사용한다는 응답이 약 73%였고, 그중
에서 약 32%는 욕을 습관적으로 사용한다고 응답했다. 욕을 하면 스트레스를 풀 수 있고 주변에서도 이미 많이 사용하
고 있는데, 왜 욕을 사용하지 말라고 하는 것일까?

② 첫째, 욕을 많이 사용하면 어휘력이 떨어진다. 한 대학교 심리학과 연구팀에서 욕을 많이 사용하는 집단(빨강 팀)
과 욕을 적게 사용하는 집단(파랑 팀)을 나누고, '대한민국'이라는 말에서 연상되는 단어를 30초 동안 말하게 하는 실험
을 했다. 그러자 빨강 팀은 21개, 파랑 팀은 39개의 단어를 말했다. 이 실험 결과에서도 알 수 있듯이 욕을 많이 하면
할수록 단어를 기억하지 못하고 점점 어휘력이 낮아지게 된다.

③ 둘째, 욕을 많이 사용하면 감정을 조절하기 어려워진다. 우리의 뇌는 생명의 뇌, 감정의 뇌, 이성의 뇌로 이루어져
있다. 그중 감정의 뇌에는 '변연계'라는 곳이 있는데, 이곳에서는 사람의 감정과 기억, 호르몬을 조절한다. 그런데 욕을
지속적으로 사용하면 이 변연계에 문제가 생겨서 감정을 조절하는 능력이 떨어진다. 그러면 자기 통제력과 공감 능력
이 현저히 낮아지고 인내심과 계획성도 부족해진다.

④ 셋째, 욕을 듣는 사람의 뇌에 손상을 입힌다. 욕을 들으면 '코르티솔'이라는 호르몬이 분비되는데, 코르티솔은 긴
장, 공포, 감염 등과 같은 스트레스에 대항하기 위해 몸 전체에 에너지를 공급하라는 신호를 보낸다. 그런데 코르티솔
이 지나치게 분비되면 뇌의 특정 부위를 위축되게 만든다. 전두엽은 이성의 뇌로 가장 늦게 발달하는데 청소년기에 전
두엽이 제대로 발달하지 못하면 이성이 감정을 통제하지 못해 충동적인 행동을 보이기 쉽다. 또한 좌뇌와 우뇌를 연결
하는 다리인 뇌들보가 손상되면 어휘력과 사회성에 문제가 생길 수 있고, 기억과 감정을 담당하는 해마가 손상되면 쉽
게 불안해지고 우울증을 앓을 확률도 높아진다.

⑤ '말 한마디에 천 냥 빚도 갚는다'라는 속담이 있다. 말이 갖는 힘이 매우 크다는 것을 보여 주는 속담이다. 사람들
은 말을 통해 인간관계를 맺고 서로의 생각과 감정을 주고받는다. 말은 그 말을 하는 사람의 인격을 그대로 드러내며,
말로 다른 사람과 가까워지기도 하고 멀어지기도 한다. 평소에 바른 말·고운 말을 사용해야 하는 이유가 여기에 있다.
지금까지는 남들도 하니까, 친구끼리 친근감을 표시하려고 등의 이유로 습관적으로 욕을 사용했을 수도 있다. 하지만
자신이 무심코 내뱉은 말에 듣는 사람은 큰 상처를 입었을 것이다. 앞으로는 욕을 사용하면 말하는 사람과 듣는 사람
모두가 상처를 받는다는 사실을 명심하고 욕을 사용하지 않도록 노력하자.

❯❯ 글 내용 한눈에 보기 •••

본문 9쪽

1 욕　**2** 어휘력　**3** 감정　**4** 뇌　**5** 상처

◀ 글을 이해해요 ▶

✓ 자기 평가

본문 10쪽

01 (내용 이해)
1 감정　**2** 스트레스

○ ✕

02 (내용 추론)
1 뇌들보　**2** 전두엽　**3** 해마

○ ✕

03 (내용 이해)
⑤

○ ✕

04 (중심 내용 쓰기)
　욕을 사용하면 말하는 사람과 듣는 사람 모두가 상처를 받으므로, 욕을 사용하지 않도록 노력해야 한다.

○ ✕

01 **1** 3문단에서 감정의 뇌에는 변연계라는 곳이 있는데, 이곳에서는 사람의 감정과 기억, 호르몬을 조절한다고 했어요. **2** 4문단에서 욕을 들으면 코르티솔이라는 호르몬이 분비되는데, 코르티솔은 긴장, 공포, 감염 등과 같은 스트레스에 대항하기 위해 몸 전체에 에너지를 공급하라는 신호를 보낸다고 했어요.

02 4문단에서는 욕을 듣는 사람의 뇌가 어떤 영향을 받게 되는지에 대해 설명하고 있어요.
1 좌뇌와 우뇌를 연결하는 다리인 뇌들보가 손상되면 어휘력과 사회성에 문제가 생길 수 있다고 했어요.
2 전두엽이 제대로 발달하지 못하면 이성이 감정을 통제하지 못해 충동적인 행동을 보이기 쉽다고 했어요.
3 기억과 감정을 담당하는 해마가 손상이 되면 쉽게 불안해지고 우울증을 앓을 확률이 높아진다고 했어요.

03 공감 능력은 남의 감정, 의견, 주장에 대해 자기도 그렇다고 느낄 수 있는 것으로, 원만한 인간관계를 위해 필요한 긍정적인 감정이에요. 3문단을 보면 욕을 하는 사람은 이런 공감 능력이 낮아진다고 했어요.

(오답풀이)
① 2문단에서 욕을 많이 하면 할수록 단어를 기억하지 못한다고 했어요.
② 3문단에서 욕을 많이 사용하면 감정을 조절하기 어려워진다고 했어요.
③ 3문단에서 욕을 많이 사용하면 변연계에 문제가 생기는데, 그 결과로 인내심과 계획성이 부족해진다고 했어요.
④ 2문단에서 욕을 많이 사용하면 어휘력이 떨어진다고 했어요.

04 5문단을 보면 글쓴이가 이 글에서 하고 싶은 말을 요약하여 강조해 놓았어요. 글쓴이의 주장을 파악하여 중심 내용을 정리해 보세요.

◀ 어휘를 익혀요 ▶

본문 11쪽

01 **1** ㄷ　**2** ㄱ　**3** ㄴ　　**02** **1** 지속적　**2** 대항　**3** 연상　　**03** **1** 습관적　**2** 공급

02 정리 정돈의 달인 되기

본문 12~13쪽

> **코칭 Tip** 이 글은 정리 정돈을 잘하는 방법과 정리 정돈을 하면 좋은 점을 설명하고 있는 글입니다. 정리 정돈을 하는 과정을 설명하는 부분에서는 그 순서를 기억할 수 있도록 밑줄을 긋거나 메모를 하며 글을 읽을 수 있도록 합니다.

1단계 정리 정돈의 목표 정하기

① 본격적으로 정리 정돈을 시작하기 전에 먼저 목표를 정해야 한다. '어느 곳을 언제까지 정리하겠다.'라고 말이다. 무작정 깨끗한 집을 만들고 싶다는 생각으로 마구잡이로 물건을 꺼내 놓으면 정리 정돈을 하다가 금방 지칠 수 있다. 그리고 끝내는 시간을 정하지 않고 시작하면 정리 정돈에 집중하지 못하고 다른 일에 시간을 소비하게 된다. 한 번에 정리할 구역은 한 군데로, 끝내는 시간은 20분 내외로 정하는 것이 효율적이다. 이제 어질러진 공간을 깔끔하게 정리해 보자. ▶ 목표를 정하고 정리 정돈을 시작해야 함

2단계 순서대로 정리 정돈하기

② 정리 정돈을 하는 순서는 간단하다. '정리할 구역의 물건을 꺼낸다. → 필요한 물건과 필요 없는 물건을 나눈다. → 필요한 물건만 다시 넣는다.'만 기억하면 된다. 먼저, 정리할 구역의 물건을 꺼낸다. 정리할 구역이 너무 넓다면 구역을 작게 쪼개서 목표에 맞게 조정해 보자. 이렇게 하면 방 전체를 정리한다고 책장, 옷장, 서랍장에 있는 모든 물건을 꺼냈다가 오히려 더 어지럽히는 일을 막을 수 있다. ▶ 정리 정돈하는 순서 ①: 정리할 구역의 물건 꺼내기

③ 그 다음 필요한 물건과 필요 없는 물건을 나눈다. 꺼낸 물건 중에서 지금 당장 사용하는 것은 따로 모아 두고, 나머지는 '사용할 물건, 버릴 물건, 고민되는 물건'으로 분류한다. '고민되는 물건'은 버리기엔 아깝고 언젠가 쓸 것 같지만 사실은 나중에도 쓰지 않을 가능성이 크다. 이런 물건은 과감하게 버린다. 그래도 고민이 되면 일단 상자에 넣어 둔다. 쓰지 않는 물건을 버리는 것이야말로 정리 정돈의 핵심이다. ▶ 정리 정돈하는 순서 ②: 필요한 물건과 필요 없는 물건 나누기

④ 마지막으로 필요한 물건만 다시 넣는다. 여기서 필요한 물건은 '지금 당장 사용하는 물건'과 '사용할 물건'을 말한다. 물건을 다시 넣을 때 꼭 해야 할 일은 물건의 자리를 정해 주는 것이다. 정해진 자리가 없으면 사용하고 난 뒤 아무데나 놓았다가 필요할 때 찾지 못하는 일이 벌어진다. 예를 들어 자주 쓰는 문구류는 책상 위 연필꽂이에, 자주 쓰지 않는 문구류는 책상 서랍에 보관한다. 그리고 사용한 물건은 반드시 정해진 자리를 찾아 넣어 둔다. ▶ 정리 정돈하는 순서 ③: 필요한 물건만 다시 넣기

3단계 정리 정돈을 습관화하기

⑤ 정리 정돈을 마친 후의 모습을 상상해 보자. 기분이 좋아질 것이다. 주변이 깨끗하면 생각과 마음이 차분히 정리되면서 집중력이 높아진다. 그리고 '어떤 물건을 남기고 어떤 물건을 버릴까?', '자주 쓰는 물건과 그렇지 않은 물건을 어떻게 배치할까?'와 같이 선택과 판단을 되풀이하면서 자신도 모르게 생각의 폭도 넓어진다. 또한 스스로 정리하는 습관이 생기면 자기 주도적인 태도가 길러져서 어떤 일이든 주체적으로 행동하게 된다. 자, 이제 몸과 마음까지 여유롭게 만드는 정리 정돈을 습관으로 만들어 보면 어떨까? ▶ 정리 정돈을 습관화할 때의 효과

❱❱ 글 **내용** 한눈에 보기 •••

본문 13쪽

1 정리　**2** 시간　**3** 구역　**4** 집중력

◀ 글을 **이해해요** ▶

☑ 자기 평가　　　　본문 14쪽

01 (내용 이해)
1 버리는　　**2** 한 군데

02 (내용 추론)
1 ㄴ　　　**2** ㄷ　　　**3** ㄱ

03 (내용 이해)
②

04 (중심 내용 쓰기)
　정리 정돈을 할 때에는 목표를 정한 후 순서대로 정리하는 것이 효율적이며, 정리 정돈을 하면 집중력과 자기 주도적인 태도를 기를 수 있다.

01 **1** 3문단에서 정리 정돈을 할 때에는 필요한 물건과 필요 없는 물건으로 나누는데, 쓰지 않는 물건을 버리는 것이야말로 정리 정돈의 핵심이라고 했어요.
2 1문단에서 정리 정돈을 시작하기 전에 어느 곳을 언제까지 정리하겠다는 목표를 정해야 한다고 했어요. 한 번에 정리할 구역은 한 군데로, 끝내는 시간은 20분 내외로 정하는 것이 효율적이라고 하네요. 그리고 2문단에서 한 번에 정리할 구역은 방 전체로 너무 넓게 설정하지 않고 한 번에 한 군데로 작게 쪼개는 것이 좋다고 했어요.

02 목표를 정하고 본격적으로 정리 정돈을 시작하면 2단계에서 설명하는 순서대로 정리하는 것이 좋다고 했어요. 각 순서마다 해야 할 일이 바로 이어서 나오고 있으니 2단계의 '순서대로 정리 정돈하기' 부분을 다시 읽으면서 밑줄을 그어 확인해 보세요.

03 효과나 장점을 묻는 문제에서 막연히 자신의 생각으로 답을 추측하면 안 돼요. 이 글에서는 혼자 정리 정돈할 때를 다루고 있지, 여럿이 함께 정리 정돈하는 것은 다루고 있지 않았어요.
(오답풀이)
①, ④ 5문단에서 정리 정돈을 하여 주변이 깨끗하면 생각과 마음이 차분히 정리되면서 집중력이 높아진다고 했어요.
③ 5문단에서 정리 정돈을 하는 중에 선택과 판단을 되풀이하면서 생각의 폭이 넓어진다고 했어요.
⑤ 5문단에서 스스로 정리하는 습관이 생기면 자기 주도적인 태도가 길러져 주체적으로 행동하게 된다고 했어요.

04 이 글은 정리 정돈을 잘하는 방법과 정리 정돈을 하면 좋은 점에 대해 설명하고 있어요. 이 내용이 모두 드러날 수 있도록 한 문장으로 정리해 보세요.

◀ 어휘를 **익혀요** ▶

본문 15쪽

01 **1** ㄷ　**2** ㄴ　**3** ㄱ　　**02** **1** 소비　**2** 과감　**3** 주체적　　**03** **1** 금방　**2** 오히려

03 젓가락 삼국지

코칭Tip 이 글은 중국, 한국, 일본의 젓가락 문화에 대해 설명하고 있는 글입니다. 세 나라의 식사 문화와 젓가락의 모양이 어떤 관련이 있는지 파악하며 글을 읽을 수 있도록 합니다.

1 젓가락의 모양은 그 나라의 식사 문화를 보여 준다. 젓가락은 고대 중국에서 사용하기 시작하여 한국, 일본으로 전
<u>중심 소재</u>　　　　　　<u>젓가락 모양이 식사 문화에 맞게 변화함</u>
해져 각자의 문화에 맞게 변화하였다. 지금은 세 나라의 젓가락이 크게 차이가 없지만 그 기원을 찾아 올라가면 조금씩
다른 사실을 발견할 수 있다.　　　　　　　　　　　　　　　　　　　　　　　▶ 젓가락의 모양은 그 나라의 식사 문화를 보여 줌

2 중국은 한국, 중국, 일본 중에 가장 먼저 젓가락을 사용하기 시작하였다. 왕실에서는 최

고급 상아, 금, 은 등으로 젓가락을 만들었지만, 일반 가정에서는 나무로 젓가락을 만들어 사
　　　　　　　　　　　　<u>중국 젓가락의 재질</u>
용하였다. 중국의 젓가락은 세 나라 가운데 길이가 가장 길다. 이는 중국 특유의 식사 문화
　　　　　　　　　　　　　　　　　　　　　　　　　　　<u>중국 젓가락의 모양 ①</u>
때문인데, 커다란 식탁 가운데에 음식을 두고 여럿이 둘러앉아 음식을 먹으려면 길이가 긴 젓
　　　　　　　　　　　　<u>중국 젓가락의 길이가 긴 이유</u>
가락이 필요하였다. 중국의 젓가락은 굵고 끝이 뭉뚝한 편이다. 기름지고 크기가 큰 음식이 많아서 이러한 음식을 집을
　　　　　　　　<u>중국 젓가락의 모양 ②</u>　　　　　　　　　　　<u>중국 젓가락이 굵고 끝이 뭉뚝한 이유</u>
때 미끄러지지 않게 하기 위해서였다.　　　　　　　　　　　　　　　　　　　　　　　　▶ 중국 젓가락의 특징

3 한국은 반찬을 집을 때에는 젓가락을 사용하고, 밥과 국을 뜰 때에는 숟가락을 사용하였다. 주로 놋쇠, 은과 같은
　　　　　　　　　　　　　　　　　　　　　　　　　　　　　　　　　　　　　　　<u>한국 젓가락의 재질</u>
금속으로 젓가락을 만들었다. 한국의 상에는 김치나 젓갈처럼 수분이 많은 음식이 자주 올라서 물이 잘 스며드는 나무

젓가락 대신 금속 젓가락을 사용한 것이다. 한국의 젓가락은 세 나라 가운데 중간 길이이고,
　　　<u>한국에서 금속 젓가락을 쓰는 이유 ①</u>　　　　　　　　　　　<u>한국 젓가락의 모양</u>
끝이 약간 납작하다. 가족이 함께 앉아 밥을 먹기는 하지만 상 크기가 중국처럼 커다란 것은
　　　　　　　　　　　　　　　　　　<u>한국 젓가락의 길이가 중간인 이유</u>
아니기 때문에 젓가락이 길 필요가 없었다. 그리고 나물, 김치, 콩자반, 전 등 다양한 반찬을
먹는데, 이러한 반찬들을 집기에는 무게가 나가면서 힘이 정확하게 전달되는 금속 젓가락이
　　　　　　　　　　　　　　　　　　　　　　　<u>한국에서 금속 젓가락을 쓰는 이유 ②</u>
더 적합하였다. 또한 김치, 깻잎과 같이 두께가 얇은 반찬을 집기 위해서는 끝이 약간 납작한 모양이 적절하였다.
　　　　　　　　　<u>한국 젓가락의 끝이 약간 납작한 이유</u>　　　　　　　　　　　　　　　▶ 한국 젓가락의 특징

4 그럼, 일본은 어떤 재질과 모양의 젓가락을 사용할까? 일본은 바다로 둘러싸여 있는 섬나라이므로 사철 습기가 많
다. 이러한 환경에서는 녹이 스는 금속보다 나무 젓가락이 적합하였다. 일본의 젓가락은
　　　　　　　　　　　　　　　　　　　<u>일본에서 나무 젓가락을 쓰는 이유</u>

길이가 짧고 끝이 뾰족하다. 각자의 음식을 따로 먹으며 밥그릇을 들고 먹는 식사 문화
　<u>일본 젓가락의 모양</u>　　　　　　　　　　　<u>일본 젓가락의 길이가 짧은 이유</u>
때문에 길이가 짧은 젓가락을 사용하였다. 그리고 섬나라 특성상 상에 자주 오르는 생선
의 가시를 잘 바르기 위해서는 끝이 뾰족한 편이 적절하였다.　　　　　　　　▶ 일본 젓가락의 특징
　　<u>일본 젓가락의 끝이 뾰족한 이유</u>

글 내용 한눈에 보기 •••

본문 17쪽

1 숟가락 **2** 생선 **3** 나무 **4** 금속

글을 이해해요

☑ 자기 평가

본문 18쪽

01 (내용 이해)
  1 굵은   **2** 뾰족한   **3** 납작한   ○ ✕

02 (내용 추론)
  ⑤   ○ ✕

03 (내용 이해)
  ⑤   ○ ✕

04 (내용 비판)
  ⑤   ○ ✕

05 (중심 내용 쓰기)   ○ ✕
  중국, 한국, 일본의 젓가락 모양이 조금씩 다른 이유는 <u>각 나라의 식사 문화</u>에 맞게 젓가락의 모양이 변화했기 때문이다.

01 **1** 2문단에서 중국의 젓가락이 굵고 끝이 뭉뚝한 이유가 기름지고 크기가 큰 음식이 많은 중국의 음식 문화 때문이라고 했어요.
2 4문단에서 일본의 젓가락 끝이 뾰족한 이유가 생선의 가시를 잘 바르기 위함이라고 했어요.
3 3문단에서 두께가 얇은 음식을 잘 집기 위해서는 젓가락의 끝이 납작한 것이 적절하다고 했어요.

02 세 나라의 도시락 문화가 어떠한지는 이 글에 나타나 있지 않아요.

03 한국의 젓가락은 금속으로 만들었는데, 이는 상에 오르는 반찬과 관련이 있어요. 한국은 수분이 많은 음식을 자주 먹는데 나무로 만든 젓가락은 물이 스며들 수 있기 때문에 적절하지 않아요. 수분이 많은 음식과 다양한 반찬을 집어 먹는 한국 음식 문화에는 반찬을 집기 쉽도록 무게가 나가면서 힘이 정확하게 전달되는 금속 젓가락이 적합해요.

(오답 풀이)
① 한국의 젓가락은 금속으로 만들어져 무게가 나가요.
② 한국에서 밥은 숟가락을 사용해서 먹는다고 했어요.
③ 습도가 높은 자연환경은 섬나라인 일본이에요.
④ 커다란 식탁에서 밥을 먹는 나라는 중국이에요.

04 젓가락의 모양은 한국, 중국, 일본의 식사 문화와 관련이 있어요. 각 나라에서 먹는 음식의 모양, 상의 크기 등이 젓가락 모양에 영향을 준 것이죠. 세 나라 중에서 중국이 젓가락을 가장 먼저 사용했고, 한국과 일본으로 넘어오면서 각 나라에 맞게 변했어요. 젓가락을 사용하기 시작한 순서와 젓가락의 재질은 서로 관련이 없어요.

05 이 글은 중국, 한국, 일본이 모두 젓가락을 사용하는데 젓가락의 모양이 조금씩 다른 이유에 대해 설명하고 있어요. 그 이유가 무엇인지 파악하여 중심 내용을 정리해 보세요.

어휘를 익혀요

본문 19쪽

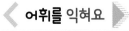

01 **1** ㄱ **2** ㄷ **3** ㄴ   **02** **1** 사철 **2** 상아   **03** **1** 바르 **2** 둘러앉 **3** 뭉뚝

04 골칫거리가 된 플라스틱

본문 20~21쪽

코칭 Tip 이 글은 플라스틱이 동물과 자연, 사람에게 끼치는 피해를 제시하여 문제의 심각성을 알리고, 플라스틱 사용을 줄일 것을 주장하는 글입니다. 글쓴이가 주장을 이끌어 내는 과정을 정리하며 글을 읽을 수 있도록 합니다.

1 현대인의 삶은 플라스틱과 떼려야 뗄 수가 없다. 옷, 신발, 가방, 텔레비전, 자동차 등 플라스틱이 쓰이지 않는 곳
중심 소재
이 없을 정도이다. 값이 싸면서 실용적인 플라스틱이 문제가 되는 이유는 플라스틱이 잘 썩지 않는 물질이라는 데 있
플라스틱의 문제점
다. 플라스틱이 분해되려면 500년 혹은 그 이상의 기간이 걸린다고 한다. 게다가 우리의 생각과 달리 재활용되는 플라
스틱의 양은 그리 많지 않다. 그나마 수거된 플라스틱 쓰레기는 태우거나 매립장에 묻지만, 그렇지 않은 것은 지구 곳
곳을 떠돌아다니며 지구를 병들게 하고 있다. ▶ 지구를 병들게 하는 플라스틱 쓰레기

2 바다 어딘가에는 '플라스틱 섬'이라는 곳이 있다. 『우리가 버린 쓰레기는 해류의 순환을 타고 바다를 떠다니다가 일
『 』: 플라스틱 섬의 실체
정한 구역에 모인다. 이렇게 모인 쓰레기 더미는 거대한 섬을 이루는데, 이 섬에 모인 쓰레기의 90% 이상이 플라스틱
이라고 한다.』이러한 플라스틱 섬은 바다를 오염하고, 동물과 자연을 병들게 한다. ▶ 플라스틱 쓰레기가 모여 만들어진 플라스틱 섬
플라스틱 섬으로 인한 문제 상황

3 가장 위험한 것은 미세 플라스틱이다. 미세 플라스틱은 5mm 미만의 작은 플라스틱으로, 너무 작아 하수 정화 시
설에서 걸러지지 않고 강과 바다로 그대로 흘러든다. 바다를 떠다니는 동안 더 잘게 부서진 미세 플라스틱은 결국 해양
미세 플라스틱이 문제가 되는 이유
동물에게 해를 끼친다. 실제로 바닷새인 앨버트로스는 물론 여러 해양 동물들이 죽었을 때, 뱃속에 플라스틱이 가득 차
있었다고 한다. 플라스틱 조각이 얼마나 위험한 것인지 모른 채 먹이인 줄 알고 삼킨 것이다.
미세 플라스틱이 해양 동물에게 주는 피해 ▶ 미세 플라스틱이 해양 동물에게 주는 피해

4 미세 플라스틱은 이처럼 해양 동물에게만 위험한 것이 아니다. 생선과 같은 어류나 조개류, 갑각류의 소화 기관에
남아 우리의 식탁에 오르기 때문이다. 미세 플라스틱을 먹은 플랑크톤을 작은 물고기나 조개가 먹는데, 그것들은 더 큰
물고기에게 잡아먹혀서 결국 사람의 입속까지 들어오게 된다. 최근 한 연구 결과에 따르면 우리가 먹는 음식 외에 사람
사람이 미세 플라스틱을 먹게 되는 경로 ①
들이 미세 플라스틱을 가장 많이 섭취하는 경로가 식수라고 한다. 늘 마시는 물도 안전하지 않은 것이다. 이렇게 우리
사람이 미세 플라스틱을 먹게 되는 경로 ②
몸속에 들어온 미세 플라스틱은 몸속의 어떤 기관으로도 침투할 수 있어 우리 몸에 나쁜 영향을 미칠 수 있다.
미세 플라스틱이 사람에게 주는 피해 ▶ 미세 플라스틱이 사람에게 주는 피해

5 플라스틱은 이미 우리 생활 곳곳에 자리잡고 있어서 플라스틱을 전혀 사용하지 않는 것은 어려울 것이다. 그렇다
면 플라스틱 사용을 줄여 보는 것은 어떨까? 우리가 쓰는 플라스틱의 대부분은 일회용품이다. 일회용 컵이나 일회용
글쓴이의 주장
비닐봉지처럼 말이다. 일회용 컵 대신 머그컵이나 텀블러를 사용할 수 있고, 일회용 비닐봉지 대신 종이나 천으로 된
생활 속에서 플라스틱 사용을 줄이는 방법
가방을 사용할 수 있다. 또 어쩔 수 없이 플라스틱을 사용했다면 재활용될 수 있도록 잘 분리해서 버리는 것도 중요하
다. 플라스틱 병은 내용물을 모두 비우고 깨끗하게 씻어서 내놓아야 한다. 뚜껑이나 라벨이 병의 재질과 다르다면 따로
플라스틱 병을 제대로 버리는 방법
버려야 한다. 우리의 이런 작은 실천이 모인다면 어쩌면 저 바다 위 거대한 플라스틱 섬을 없앨 수도 있지 않을까?
▶ 우리 생활 속에서 플라스틱 쓰레기를 줄이는 방법

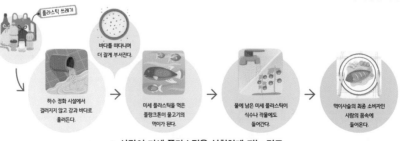

▲ 사람이 미세 플라스틱을 섭취하게 되는 경로

❯❯ 글 내용 한눈에 보기 •••

본문 21쪽

1 바다　**2** 미세　**3** 식수　**4** 플라스틱

◀ 글을 이해해요 ▶

✔ 자기 평가

본문 22쪽

01 (내용 이해)
1 썩지　　**2** 식수

◯ ✕

02 (내용 비판)
②

◯ ✕

03 (내용 추론)
①

◯ ✕

04 (중심 내용 쓰기)
플라스틱은 동물과 자연, 사람에게 나쁜 영향을 미치므로 <u>플라스틱 사용을 줄여야</u> 한다.

◯ ✕

01 **1** 1문단에서 플라스틱은 값이 싸고 실용적이지만 잘 썩지 않는 물질이기 때문에 문제가 된다고 했어요.
2 4문단에서 사람들은 먹는 음식 외에 식수에서 미세 플라스틱을 가장 많이 섭취한다고 했어요.

02 플라스틱은 우리 생활 곳곳에서 다양하게 쓰이고 있어요. 하지만 글쓴이가 말하고자 하는 바는 플라스틱의 좋은 점이나 플라스틱이 어떻게 만들어지는지를 알자는 것이 아니에요. 이 글에서 플라스틱이 만들어지는 과정은 설명하고 있지 않아요.

03 글쓴이는 플라스틱 제품을 아예 사용하지 않을 수는 없지만 줄일 수 있으면 줄이자고 주장하고 있어요. 그러나 ①은 줄이는 방법이 아니라 오히려 플라스틱을 더 많이 쓰게 되는 방법이에요.

(오답 풀이)
② 5문단에서 글쓴이는 일회용 비닐봉지 대신 종이나 천으로 된 가방을 사용할 수 있다고 했어요.
③ 5문단에서 일회용 컵 대신 머그컵이나 텀블러를 사용할 수 있다고 했어요.
④, ⑤ 5문단에서 어쩔 수 없이 플라스틱을 사용했다면 재활용될 수 있도록 잘 버리는 방법도 중요하다고 했어요. 플라스틱 병은 내용물을 모두 비우고 깨끗하게 씻어서 내놓아야 하며, 플라스틱 병을 버릴 때 뚜껑이나 라벨이 병의 재질과 다르다면 따로 분리해서 버려야 한다고 했어요.

04 이 글에는 우리가 편하게 쓰고 쉽게 버리는 플라스틱이 동물과 자연을 병들게 하고, 사람의 몸에 나쁜 영향을 미치고 있는 상황이 나타나 있어요. 글쓴이는 이러한 문제 상황을 알리고 플라스틱 사용을 줄이자는 주장을 제시하고 있어요. 글쓴이의 주장이 잘 드러나도록 한 문장으로 정리해 보세요.

◀ 어휘를 익혀요 ▶

본문 23쪽

01 **1** ㄴ　**2** ㄱ　**3** ㄷ　　**02** **1** 수거　**2** 매립장　**3** 오염　　**03** **1** 더미　**2** 섭취

지방, 너무 미워하지 마세요

코칭Tip 이 글은 지방의 다양한 역할과 종류를 설명하는 글입니다. 중요 영양소로서의 지방의 역할을 이해하고, 지방의 종류와 특징을 비교하며 글을 읽을 수 있도록 합니다.

1 삼겹살, 프라이드치킨, 돈가스의 공통점은 무엇일까? 바로 지방이 많은 음식이라는 점이다. 많은 사람들이 지방은
중심 소재
왠지 몸에 좋지 않고 살만 찌우기 때문에 피해야 할 대상으로 여긴다. 그러나 지방은 우리 몸에 꼭 필요한 필수 영양소
지방에 대한 사람들의 부정적 인식   3대 필수 영양소: 탄수화물, 단백질, 지방
중 하나이다. 지방이 왜 필요한지, 지방의 종류에는 무엇이 있는지 알아보자.
▶ 지방에 대한 사람들의 부정적 인식

2 지방이 우리 몸에 필요한 이유는 첫째, 신체 조직을 구성하고 보호하기 때문이다. 뇌의 80%가 지방으로 만들어져
지방의 역할 ①
있을 뿐만 아니라, 세포를 보호하는 세포막과 우리 몸을 조절하는 호르몬의 재료로 지방이 활용된다. 건강한 피부와 윤
기 있는 머리카락을 유지하는 데에도 지방의 역할이 크다. 피부밑에 있는 피하 지방은 몸의 열이 빠져나가는 것을 막
고, 몸속의 장기를 외부의 충격으로부터 보호해 준다. 둘째, 지방은 우리 몸의 효율적인 에너지원이 된다. 탄수화물과
지방의 역할 ②
단백질이 1g당 4kcal의 열량을 내는 반면, 지방은 1g당 9kcal의 열량을 낸다. 지방이 다른 영양소보다 에너지 효율이
월등히 높은 것이다. 셋째, 지방은 지용성 비타민 흡수에 도움을 준다. 당근, 브로콜리, 시금치 등과 같은 지용성 비타
지방의 역할 ③
민이 풍부한 채소는 생채소로 먹는 것보다 기름에 볶아 먹으면 영양소의 체내 흡수율을 더 높일 수 있다.
▶ 우리 몸에서 지방이 하는 역할

3 한편, 지방이라고 해서 다 같은 지방이 아니다. 지방은 크게 포화지방산과 불포화지방산으로 나뉜다. 먼저 포화지
지방의 종류
방산은 상온에서 딱딱하게 굳어 있는 고체 형태의 기름으로, 주로 동물성 식품에서 섭취할 수 있다. 소기름, 돼지기름,
포화지방산의 특징
버터, 우유, 치즈, 팜유 등에 많이 들어 있다. 포화지방산은 우리 몸에 필요한 열량을 만들어 주기 때문에 임산부나 성
포화지방산의 역할
장기 어린이, 수술 후 회복 중인 사람이라면 꼭 섭취해야 한다. 그러나 과다 섭취하면 비만의 원인이 되고 나쁜 콜레스
테롤 수치를 높여 각종 질환을 유발한다.
▶ 지방의 종류 ①: 포화지방산

4 불포화지방산은 상온에서 액체 상태의 기름으로, 주로 식물성 식품에서 섭취할 수 있다. 식용유, 올리브유, 들기
불포화지방산의 특징
름 등에 많이 들어 있다. 단일 불포화지방산은 혈액 속 콜레스테롤의 농도를 낮춰 각종 혈관 질환의 위험을 감소시킨
불포화지방산의 역할 ①
다. 또 심혈관계 환자의 혈압을 내리거나 뇌졸중을 예방하고 회복하는 데 도움을 준다. 그런데 불포화지방산을 고체 상
불포화지방산의 역할 ②
태로 보관하기 위해 열을 가해 가공하면 트랜스 지방이 생성된다. 트랜스 지방은 나쁜 콜레스테롤의 수치를 높이고 좋
트랜스 지방의 유해성 ①
은 콜레스테롤의 수치를 낮춘다. 따라서 트랜스 지방이 많이 든 베이컨, 과자, 빵, 도넛, 감자튀김 등의 가공식품은 심
장병, 암, 당뇨병, 알레르기 등을 일으키는 원인이 된다.
▶ 지방의 종류 ②: 불포화지방산과 트랜스 지방
트랜스 지방의 유해성 ②

5 그렇다면 지방을 건강하게 먹는 방법은 무엇일까? 가장 중요한 것은 적정량을 지켜 섭취해야 한다는 것이다. 지방
지방의 올바른 섭취 방법 ①
은 하루 총 섭취 열량의 15~25%, 약 50~55g 정도 섭취하기를 권장한다. 그리고 포화지방산과 불포화지방산을 균형
지방의 올바른 섭취 방법 ②
있게 먹어야 한다. 우리 몸에 꼭 필요한 지방, 극단적으로 제한할 것이 아니라 좋은 지방을 골라 먹는 건강한 식습관을
기르도록 노력하자.
▶ 지방을 건강하게 먹는 방법

글 내용 한눈에 보기 •••

본문 25쪽

1 에너지원　**2** 지용성　**3** 비만　**4** 트랜스　**5** 적정량

글을 이해해요

☑ 자기 평가

본문 26쪽

01 (내용 이해)
④

○　✕

02 (내용 추론)
1 포화지방산
2 불포화지방산
3 트랜스 지방

○　✕

03 (내용 비판)
③

○　✕

04 (중심 내용 쓰기)
　필수 영양소인 지방은 우리 몸에서 여러 가지 중요한 역할을 수행하고 있으므로, 포화지방산과 불포화지방산을 <u>균형 있게 적정량</u>을 섭취해야 한다.

○　✕

01　2문단에서 지방의 역할을 설명하고 있어요. 지방은 체내에 지용성 비타민이 흡수되는 것을 도와줘요.

(오답 풀이)

① 지방은 1g당 9kcal의 열량을 내요.
② 뇌와 세포막, 호르몬 등 신체 조직을 구성하는 데에 지방이 활용돼요.
③ 피부밑에 있는 피하 지방은 몸의 열이 빠져나가는 것을 막고 몸속의 장기를 외부의 충격으로부터 보호해 줘요.
⑤ 지방은 건강한 피부와 윤기 있는 머리카락을 유지하는 데에 도움을 줘요.

02　3문단에서는 포화지방산에 대한 설명이, 4문단에서는 불포화지방산에 대한 설명이 제시되어 있어요. 불포화지방산을 가공하면 트랜스 지방이 생성된다는 내용도 언급되어 있어요.

03　포화지방산이 들어 있는 음식을 적정량을 먹어야 해요. 포화지방산을 과다 섭취하면 비만의 원인이 될 수 있어요.

(오답 풀이)

① 지방은 하루 총 섭취 열량의 15~25%, 약 50~55g 정도 섭취하기를 권장해요.
② 지방은 필수 영양소로 우리의 몸에 꼭 필요하기 때문에 무조건 먹지 않으려고 하면 안 돼요.
④ 액체 상태의 기름인 불포화지방산은 혈액 속 콜레스테롤의 농도를 낮춰 각종 혈관 질환의 위험을 감소시켜요. 불포화지방산을 가공하면 트랜스 지방이 생성되므로 가공하지 않은 불포화지방산을 섭취하는 것이 좋아요.
⑤ 건강하게 지방을 먹는 방법은 포화지방산과 불포화지방산을 균형 있게 적정량 섭취하는 것이에요.

04　이 글은 지방이 우리 몸에 꼭 필요한 영양소임을 밝히고, 지방의 역할, 지방의 종류, 지방을 건강하게 먹는 방법에 대해 설명하고 있어요.

어휘를 익혀요

본문 27쪽

01 **1** ㄷ　**2** ㄴ　**3** ㄱ　　**02** **1** 유발　**2** 수행　　**03** **1** 월등히　**2** 권장　**3** 지방

06 까마귀는 억울해

코칭 Tip 이 글은 우리나라에서 흉조로 인식하고 있는 까마귀의 특성에 대해 설명하고 있는 글입니다. 까마귀에 대한 부정적 인식과 글쓴이가 제시한 까마귀의 긍정적인 면을 대조하며 글을 읽을 수 있도록 합니다.

1 우리나라에는 까마귀와 관련된 속담이 많다. "까마귀 고기를 먹었나", "식전 마수에 까마귀 우는 소리", "까마귀
_{중심 소재} ⟶ 잊어버리기를 잘하는 사람을 놀리거나 나무라는 말 / 매우 불길한 조짐이 보임을 비유적으로 이르는 말
날자 배 떨어진다" 몇 개만 떠올려 보아도 까마귀와 관련된 속담은 부정적인 뜻이 많은 것을 알 수 있다. 사람들은 흔히
_{아무 관계 없이 한 일이 공교롭게도 때가 같아 어떤 관계가 있는 것처럼 의심을 받게 됨을 비유적으로 이르는 말}
까치가 울면 좋은 일이 생기거나 반가운 손님이 찾아온다고 믿는 것과 반대로 까마귀가 울면 불길한 일이 생긴다고 여
긴다. 이처럼 까마귀는 사람들에게 불길한 징조를 안고 있는 동물로 인식되어 꺼리는 새가 되었다. ▶ 까마귀에 대한 부정적 인식
_{까마귀를 부정적인 동물로 인식함}

2 까마귀는 한자로 '烏(까마귀 오)'라고 쓴다. 몸빛이 까매서 까마귀의 눈이 보이지 않는다고 하여 '鳥(새 조)'자에서
가로획 하나를 빼서 만든 글자이다. 글자의 형성에서도 알 수 있듯이 까마귀는 온몸이 매우 검고, 덩치도 까치보다 크
_{까마귀를 부정적으로 인식하는 이유 ①}
다. 울음소리도 다른 새들에 비해 무섭고 위협적으로 느껴지는데 이런 점들 때문에 사람들에게 부정적인 느낌을 주었
다는 의견이 있다. 또 옛날에 죽을 정도로 아픈 사람이 있으면 음식을 차리고 굿을 했는데, 새 중에서 후각이 특히 발달
_{후각이 발달하여 음식 냄새를 맡고 찾아온 까마귀를 죽음을 앞둔 사람 앞에 나타난 흉조라고 오해함}
한 까마귀가 멀리서 음식 냄새를 맡고 모여들었다고 한다. 사람들은 그 모습을 보고 사람이 죽거나 나쁜 일이 생긴 것
을 까마귀 탓으로 여겼다. 오해에서 시작되었지만, 까마귀를 여전히 흉조(凶鳥)로 생각하는 사람들이 많다. _{까마귀를 부정적으로 인식하는 이유 ②}
▶ 사람들이 까마귀를 흉조로 생각하는 이유

3 그러나 까마귀는 새 중에서도 매우 영리한 것으로 알려져 있다. 이솝 우화에 까마귀가 병 속에 물이 조금밖에 남아
_{까마귀의 특성 ①}
있지 않자, 돌멩이를 넣어 물이 위로 올라오도록 하여 편하게 물을 마셨다는 이야기가 있다. 실제로 영국에서 부리가
닿지 않는 병 속에 물과 벌레를 넣어 물에 떠 있는 벌레를 까마귀가 먹을 수 있는지 실험을 했다. 그런데 까마귀는 옆에
있는 돌을 넣어 병 속의 수위를 높여 벌레를 건져 먹었다고 한다. 그리고 까마귀는 40여 가지의 소리로 서로 소통한다.
_{도구를 사용할 줄 알고, 문제 해결 능력을 지님} / _{소통 능력이 발달함}
상황에 따라 다양한 소리를 내어 경계, 위협, 구애 등을 표현할 수 있다. 까마귀는 말로 소통하면 되기 때문에 다른 새
들처럼 화려한 털 색깔을 자랑하거나 구애의 춤을 출 필요가 없는 것이다. ▶ 까마귀의 특성 ①: 매우 영리함

4 한편 까마귀는 효심이 지극한 새로, '반포조(反哺鳥)' 또는 '효조(孝鳥)'라고
_{까마귀의 특성 ②}
도 불린다. '반포'라는 말은 어미가 물어다 준 먹이를 먹고 자란 새가 그 어미를
'되먹인다'라는 뜻에서 나왔다. 까마귀는 태어난 지 60일이 될 때까지는 어미의
보살핌을 받아야 자립할 수 있다고 한다. 그런데 어미가 늙어 날지 못하여 먹이
활동을 못하면, 다른 새들은 일주일도 못 가서 굶어 죽지만 까마귀는 거의 두 달
동안 새끼가 먹이를 구해 와 어미를 모신다고 한다. 은혜를 잊지 않고 어미에게 효성
을 베푸는 까마귀에 빗대어, 지극한 효도를 '반포지효(反哺之孝)'라고 표현한다.
▶ 까마귀의 특성 ②: 효심이 지극함

5 이처럼 까마귀는 사람들의 부정적인 인식과 달리 은혜를 알고 영리하기까지 한 새이다. 까
마귀에 대한 부정적 이미지는 어쩌면 사람들의 오해와 편견이 만들어 낸 것이 아닐까? 앞으로는
까마귀를 보면 '불길하다'고 여기지 말고 반갑게 맞이해 보자. ▶ 까마귀의 긍정적인 면 강조

글 내용 한눈에 보기 •••

본문 29쪽

1 부정적　**2** 흉조　**3** 울음소리　**4** 영리　**5** 효심　**6** 편견

글을 이해해요

☑ 자기 평가

본문 30쪽

01 (내용 이해)
　1 불길한　**2** 소통

02 (내용 이해)
　③

03 (내용 추론)
　④

04 (중심 내용 쓰기)
　까마귀는 사람들에게 흉조로 인식되어 왔지만, 도구를 사용할 줄 알고 다양한 소리로 소통하는 등 매우 영리하고, '반포조'라고도 불리는 은혜를 아는 새이다.

01 **1** 1문단에서 까마귀가 등장하는 속담을 예로 들면서 예부터 까마귀는 사람들에게 불길한 징조를 안고 있는 동물로 인식되어 왔다고 했어요.
2 3문단에서 까마귀는 40여 가지의 소리로 다른 까마귀와 소통을 하며 경계, 위협, 구애 등을 표현할 수 있다고 했어요.

02 3문단에서 까마귀는 40여 가지의 소리로 상황에 따라 다른 소리를 내어 다른 까마귀와 소통할 수 있기 때문에 다른 새들처럼 화려한 털 색깔을 자랑하거나 춤을 추어 구애할 필요가 없다고 했어요.

03 '까마귀도 칠월 칠석은 안 잊어버린다'는 중요한 사실이나 날짜는 명심해서 잊지 말 것을 일깨울 때 쓰는 속담이에요. 이 속담은 까마귀의 영리함이 드러나는 표현이므로 까마귀가 긍정적인 의미로 쓰였어요. 나머지 다른 속담들은 까마귀에 대한 부정적 인식이 반영되어 있어요.

(오답풀이)
① '까마귀 고기를 먹었나'는 잊어버리기를 잘하는 사람을 놀리거나 나무라는 말이에요.
② '까마귀 날자 배 떨어진다'는 아무 관계 없이 한 일이 어떤 관계가 있는 것처럼 의심을 받게 됨을 뜻하는 말이에요.
③ '식전 마수에 까마귀 우는 소리'는 매우 불길한 조짐을 보임을 뜻하는 말이에요.
⑤ '아침에 까치가 울면 좋은 일이 있고 밤에 까마귀가 울면 나쁜 일이 있다'는 아침에 까치가 울면 기쁜 일이 생기고 밤에 까마귀가 울면 좋지 못한 일이 생긴다는 말이에요.

04 이 글은 사람들이 예부터 부정적으로 인식해 왔던 까마귀에 대한 긍정적인 면을 설명하고 있어요. 까마귀는 도구를 사용하여 문제를 해결하기도 하고, 60여 가지의 소리로 다른 까마귀들과 소통할 수도 있을 만큼 영리한 새예요. 그리고 반포조라고도 불리는 은혜를 아는 새이기도 해요.

어휘를 익혀요

본문 31쪽

01 **1** ㄴ　**2** ㄱ　**3** ㄷ　　**02** **1** 식전　**2** 은혜　**3** 편견　　**03** **1** 구애　**2** 오해　**3** 효성

07 디지털 기술로 문화재를 지키다

1 문화재는 그 문화재가 가지고 있는 고유한 성질 자체가 가치 있는 것이기 때문에 원형 그대로 '보존'하는 것이 중요하다. 그렇지만 사람의 힘으로 문화재의 크고 작은 훼손을 모두 막아 내기란 역부족이다. 그래서 훼손 정도가 심각한 문화재는 '복원'하는 작업을 거친다. 초창기 문화재 복원 작업은 단순히 그림 위에 물감을 덧칠하는 수준이었으나 점차 보존성을 높이는 화학 약품을 사용하는 방식으로 발전하였다. 오늘날에는 과학 기술이 발달하면서 문화재를 보존 및 복원하는 데에 **디지털 기술**을 활용하고 있다. 문화재 보존 및 복원에 쓰이는 대표적 디지털 기술로는 X선 촬영, 3차원 스캐닝, 컴퓨터 그래픽 등이 있다.
중심 소재 · 문화재 보존 및 복원에 쓰이는 대표적인 디지털 기술 세 가지
▶ 문화재 보존 및 복원에 활용되는 디지털 기술

2 X선 촬영은 주로 문화재 복원의 기초 작업인 문화재 검사 단계에서 활용한다. X선을 비롯한 적외선, 자외선으로
디지털 기술 ①: X선 촬영 · X선 촬영의 방법
문화재를 투사하여 촬영하면 문화재를 훼손하지 않고도 내부 구조와 상태, 재료의 종류나 두께
X선 촬영의 효과
등을 알아낼 수 있다. 『청동기 시대의 것으로 추정되는 칠초 동검이 발견되었을 때, 칼집의 일부
『」: 문화재 복원에 X선 촬영을 활용한 사례
가 파손되거나 변형되어 안에 끼워져 있던 칼을 분리할 수 없었다. 이때 X선 촬영으로 칼집의
내부 구조 및 칼과 칼집의 결합 상태를 확인하였고, 무사히 둘을 분리할 수 있었다.』이처럼 X선

▲ 칠초 동검 X선 촬영

촬영은 문화재 복원에 큰 도움이 된다. ▶ 디지털 기술 ①: 문화재 검사 단계에서 주로 사용하는 X선 촬영

3 3차원 스캐닝은 레이저 광선을 이용하여 이 빛이 대상물을 맞히고 반사되어 돌아오는 시간을 계산하여 공간 구조
디지털 기술 ②: 3차원 스캐닝의 방법
를 파악하는 기술이다. 이 기술은 에너지가 낮은 가시광선을 이용하는 데다가 유물을 직접 만지지 않고도 그 형태를 파
3차원 스캐닝의 효과 ①
악할 수 있어 문화재 훼손을 줄이는 효과가 있다. 또한 문화재의 정보를 디지털화하여 컴퓨터에 저장하기 때문에 언제
3차원 스캐닝의 효과 ②
든지 수정하고 재가공할 수 있다. 최근에는 3차원 프린팅 기술까지 더해져 컴퓨터에서 모형화한 것을 출력하여 입체적
인 형태로 확인할 수 있게 되었다. ▶ 디지털 기술 ②: 레이저 광선을 이용하여 대상의 구조를 파악하는 3차원 스캐닝

4 디지털 기술이 빛을 발하는 분야는 무형 문화재 보존이다. 무형 문화재는 형체가 없기 때문에 그 기능을 갖고 있는 사람 자체가 대상이 된다. 지금까지는 무형 문화재 대부분이 후계자를 통해 이어져 왔고, 간간이 녹화 보존을 해 왔다. 하지만 이런 방식은 후계자가 없으면 그 맥이 끊길 위험이 있다. 이제는 컴퓨터 그래픽 기술을 통해 무형 문화재를 보
디지털 기술 ③: 컴퓨터 그래픽
존할 수 있다. 예를 들어『탈춤 기술 보유자가 전신에 센서를 달고 탈춤을 추면, 그 센서에서 나온 정보를 수십 대의 적
『」: 컴퓨터 그래픽의 방법 및 효과
외선 카메라가 받아 3차원 영상으로 만들어 낸다. 이렇게 만들어진 탈춤의 춤 동작을 디지털화하여 컴퓨터에 저장하는
방식으로 무형 문화재를 보존할 수 있다.』 ▶ 디지털 기술 ③: 무형 문화재 보존에 유용한 컴퓨터 그래픽

5 최근에는 문화재를 디지털로 복원하는 일이 활발해지면서 디지털 박물관이 생기고 있다. 디지털 박물관을 활용하면 직접 미술관이나 박물관을 가지 않고도 디지털 자료로 만든 문화유산이나 예술 작품을 집에서 관람할 수 있다. 또한
디지털 기술 활용의 이로운 점 ①
디지털 기기를 이용하여 사라진 옛 문화재나 유적 및 무형의 유산을 가상 체험 영상으로 생생하게 볼 수도 있다. 앞으
디지털 기술 활용의 이로운 점 ②
로 문화재 보존 및 복원을 위한 디지털 기술이 더욱 발전해 나간다면 인류의 문화유산이 후손 대대로 오래도록 이어져
문화재를 디지털 기술로 보존하고 복원하는 일이 중요한 이유
나갈 수 있을 것이다. ▶ 디지털 기술 활용의 이로운 점 및 디지털 기술에 대한 전망

글 내용 한눈에 보기 •••

본문 33쪽

1 디지털 　**2** 투사 　**3** 스캐닝 　**4** 레이저 　**5** 후계자

글을 이해해요

✅ 자기 평가

본문 34쪽

01 (내용 이해)
　ㄱ 센서 　　ㄴ 적외선 　　ㄷ 디지털
⬡ ⬡

02 (내용 이해)
　⑤
⬡ ⬡

03 (내용 비판)
　⑤
⬡ ⬡

04 (중심 내용 쓰기)
　문화재 보존 및 복원에 쓰이는 대표적 디지털 기술
로는 X선 촬영, 3차원 스캐닝, 컴퓨터 그래픽 등이 있
는데, 이러한 디지털 기술의 발전은 인류의 문화유산을
후손에게 전하기 위해 매우 중요하다.
⬡ ⬡

01 4문단에서 탈춤을 디지털화하는 과정을 설명하고 있어
요. 이 부분을 다시 한번 읽으며 정리해 보세요.

02 3차원 스캐닝은 컴퓨터상에서 얼마든지 수정하거나 재
가공할 수 있다는 것이 장점이에요. 문화재를 훼손하지 않고
도 문화재의 원래 모습을 복원해 볼 수 있어요.

03 문화재 위에 물감을 덧칠하거나 화학 약품을 사용하여
복원하는 것은 초창기에 문화재를 복원하는 기술이었어요.
이러한 방법은 문화재가 훼손되는 문제점이 있기 때문에, 오
늘날에는 디지털 기술을 활용하여 문화재를 보존하거나 복원
한다고 했어요.

(오답 풀이)
① 2문단에서 설명하고 있는 디지털 기술인 X선 촬영을 활용
한 사례예요.
② 4문단에서 설명하고 있는 디지털 기술인 컴퓨터 그래픽을
활용한 방법이에요. 컴퓨터 그래픽은 무형 문화재를 보존하
는 데 도움이 많이 된다고 했어요.
③ 3문단에서 설명하고 있는 디지털 기술인 3차원 스캐닝을
활용한 사례예요.
④ 5문단에서 디지털 기기를 이용하면 사라진 옛 문화재나
유적을 가상 체험 영상으로 생생하게 볼 수 있다고 했어요.

(이럴 땐 이렇게!) 설명문에서는 설명한 내용을 직접적인 사례에 적
용하는 문제가 많이 나와요. 어렵다고 그냥 넘어가지 말고 글의 내용
에 비추어 차근차근 따져 보면 돼요.

04 이 글은 문화재 보존 및 복원에 쓰이는 디지털 기술 세
가지를 설명하고 있어요. 이러한 디지털 기술이 발전해야 하
는 이유는 인류의 문화유산을 후손에게 전할 수 있기 때문이
에요.

어휘를 익혀요

본문 35쪽

01 **1** ㄷ 　**2** ㄴ 　**3** ㄱ 　　**02** **1** 투사 　**2** 맥 　**3** 문화재 　　**03** **1** 추정 　**2** 역부족

코칭 Tip 이 글은 슈퍼 문, 블러드 문, 블루 문이 나타나는 경우를 설명하고 슈퍼 문이 뜰 때 일어나는 현상에 대해 알려 주고 있습니다. 슈퍼 문, 블러드 문, 블루 문이 나타나는 상황을 이해하고, 밀물과 썰물이 생길 때 달이 어떤 역할을 하는지 확인하며 글을 읽을 수 있도록 합니다.

1 밤하늘에 보름달이 떴다. 그런데 평소보다 더 크고 밝아 보인다. 이유가 뭘까? 지구가 태양 둘레를 공전하듯, 달도
지구가 태양을 중심으로 그 둘레를 일 년에 한 바퀴씩 돎
지구 둘레를 돈다. 달이 지구의 둘레를 타원 모양으로 돌다 보니 어떤 때에는 지구와 가까워지기도 하고, 어떤 때에는
지구와 멀어지기도 한다. 달이 지구와 가장 가까워졌을 때 평소보다 훨씬 크고 밝게 보이는데 이를 가리켜 '슈퍼 문
슈퍼 문의 개념
(super moon)'이라 한다. 그렇다면 달이 지구와 가장 멀어졌을 때는 어떨까? 이때에는 달이 평소보다 작게 보이기 때
중심 소재
문에 '미니 문(mini moon)'이라고 부른다. 슈퍼 문은 미니 문보다 약 14% 더 크고, 약 30% 더 밝게 보인다. 슈퍼 문의
모양은 모두 보름달일까? 달이 지구와 가장 가까운 위치에 있으면서 '태양 – 지구 – 달'의 순서일 때에는 보름달 모양
보름달 모양의 슈퍼 문을 볼 수 있음
의 슈퍼 문을 볼 수 있다. '태양 – 달 – 지구'의 순서로 늘어서면 슈퍼 문은 그믐달 모양으로 나타난다.
그믐달 모양의 슈퍼 문을 볼 수 있음   ▶ 슈퍼 문의 개념 및 태양과 지구, 달의 위치에 따른 슈퍼 문의 모양

2 슈퍼 문이 붉게 물드는 경우도 있다. 달이 '태양 – 지구 – 달'의 순서로 일직선상에 나란히 늘어서면 달이 지구 그
슈퍼 문이 붉게 물드는 경우 – 개기 월식이 일어날 때 나타남
늘에 완전히 가려지는 개기 월식이 나타난다. 이때 달은 지구 그늘에 가려서 태양 빛을 받지 못하는데, 빛이 완전히 차
단되는 것은 아니다. 태양 빛 중에서 가장 파장이 긴 붉은빛이 지구 뒤편으로 휘어 달에 닿으면 지구에서 달이 붉게 보
슈퍼 문이 붉게 보여 블러드 문이라고 부름
인다. 이때의 달을 핏빛을 뜻하는 '블러드 문(blood moon)' 또는 '레드 문(red moon)'이라고 부른다.   ▶ 블러드 문이 나타나는 경우

3 레드 문처럼 달의 이름에 색깔이 들어가는 것으로는 '블루 문(blue moon)'도 있다. 달을 기준으로 하는 음력은 1년
이 354일인데, 우리가 지금 쓰고 있는 양력은 태양을 기준으로 해서 1년이 365일이다. 이렇게 매년 11일 정도 차이가
있다 보니 한 달에 보름달이 두 번 뜨는 경우가 생긴다. 이때 두 번째로 뜬 달을 블루 문이라고 부른다. 블루 문은 이름
블루 문이 나타나는 경우
에만 색깔이 들어가 있을 뿐 실제로 달이 푸른빛을 띠는 것은 아니다.   ▶ 블루 문이 나타나는 경우와 블루 문의 특징
블루 문의 특징

4 슈퍼 문이 뜰 때에는 해수면이 더 높아진다. 그 이유를 이해하기 위해서는 먼저 밀물과 썰물이 생기는 원리를 알아
야 한다. 지구는 남극과 북극을 이은 축을 중심으로 자전하고 있으므로 자꾸 바깥으로 나아가려는 원심력이 발생한다.
원심력의 개념
그리고 달과 지구 사이에는 서로 끌어당기는 힘인 인력이 작용한다. 달과 가까운 쪽은 달이 바닷물을 끌어당겨서 밀물
인력의 개념
이 생긴다. 동시에 달과 먼 쪽도 지구의 원심력이 더 강하게 작용하기 때문에 밀물이 생긴다. 이렇게 달이 당기는 부분
밀물과 썰물이 생기는 원리
과 그 반대편은 밀물이 생기고, 그 외의 부분은 썰물이 생기는 것이다. 지구는 하루에 한 번 자전하기 때문에 밀물과 썰
물은 하루에 두 번씩 나타난다.   ▶ 밀물과 썰물이 생기는 원리

5 밀물로 해수면이 가장 높은 때를 '만조', 썰물로 해수면이 가장 낮은 때를 '간조'라고 부르고 이 높이의 차이를 '조
차'라고 한다. 조차는 달이 보름달이거나 그믐달인 경우 가장 커지는데, 슈퍼 문이 뜨면 조차가 훨씬 더 커진다. 슈퍼
문이 떴다는 것은 지구와 달의 거리가 가장 가까워졌다는 뜻이다. 그만큼 달과 지구 사이에 끌어당기는 힘도 세지니 해
슈퍼 문이 뜰 때 해수면이 높아지는 이유
수면이 더 높아진 것이다. 혹시라도 이때 태풍이 불어오거나 비가 내리면 해수면은 더욱 높아진다. 바다와 땅이 닿아
있는 곳의 도로나 건물 등이 물에 잠길 수도 있고, 갑자기 불어난 물에 사람이 휩쓸리거나 다칠 수도 있다. 그렇기 때문
슈퍼 문이 뜰 때 일어날 수 있는 피해
에 슈퍼 문이 뜰 때에 이로 인한 피해를 입지 않도록 나라 차원에서 피해 예상 지역에 예보를 하는 등 적극적으로 대비
하고 있다.   ▶ 슈퍼 문이 뜰 때 해수면이 높아지는 이유

글 내용 한눈에 보기 ●●●

본문 37쪽

1 슈퍼 문   **2** 보름달   **3** 월식   **4** 파장   **5** 블루 문

글을 이해해요

☑ 자기 평가   본문 38쪽

01 (내용 이해)
⑤   ○ ✕

02 (내용 이해)
③   ○ ✕

03 (내용 추론)
ㄷ   ○ ✕

04 (중심 내용 쓰기)
지구와 달의 거리가 가까워졌을 때 <u>슈퍼 문</u>이 뜨는데, 경우에 따라 블러드 문과 블루 문으로 나타나기도 한다. <u>슈퍼 문</u>이 뜨면 조차가 커져 <u>해수면이 높아진다</u>.   ○ ✕

01 1문단에서 '태양 – 달 – 지구'의 순서로 늘어서면 슈퍼 문이 그믐달 모양으로 보인다고 했어요.

(오답 풀이)
① 1문단에서 달과 지구가 가장 가까워졌을 때 슈퍼 문을 볼 수 있다고 했어요.
② 블러드 문은 붉은빛으로 보이는 달이지만, 블루 문은 그냥 이름에만 색깔이 들어가 있고 실제 푸른빛이 나지는 않아요.
③ 슈퍼 문은 지구와 가장 가까이 있는 달로, 평소보다 훨씬 크고 밝게 보여요.
④ 한 달에 보름달이 두 번 뜨는 경우에 두 번째로 뜬 달을 블루 문이라고 해요.

02 4문단에 지구의 밀물과 썰물이 생기는 원리가 나타나 있어요. 달과 지구 사이에 서로 끌어당기는 힘이 있어서 이로 인해 밀물과 썰물이 생긴다고 했어요.

(오답 풀이)
① 달은 지구의 둘레를 타원형으로 돌기 때문에 달과 지구의 거리는 달라져요.
② 달은 지구의 둘레를 공전해요.
④ 달과 지구의 거리에 따라 달이 크게 보이기도 하고 작게 보이기도 해요.
⑤ '태양 – 지구 – 달'이 일직선으로 나란히 놓일 때 개기 월식이 일어나요.

03 기쁨이의 말에 '오늘' 달의 위치를 알 수 있는 정보가 있어요. 2문단에 나온 블러드 문이 나타나는 경우를 다시 한번 살펴보세요.

04 1문단에서 슈퍼 문, 2문단에서 블러드 문, 3문단에서 블루 문에 대해 설명하고 있어요. 4문단에서는 밀물과 썰물이 생기는 원리를 설명하면서 5문단에서 슈퍼 문이 뜰 때 해수면이 높아지는 이유를 알려 주고 있어요.

어휘를 익혀요

본문 39쪽

01 **1** ㄷ   **2** ㄴ   **3** ㄱ   **02** **1** 보름달   **2** 음력   **3** 양력   **4** 그믐달   **03** **1** 인력   **2** 자전, 공전

09 작아서 더 무서운 미세 먼지

> **코칭 Tip** 이 글은 미세 먼지의 개념 및 발생 원인, 대처 방안에 대해 전달하고 있는 텔레비전 뉴스입니다. 뉴스에서 진행자와 기자가 어떤 역할을 하는지 파악하고, 전문가와의 인터뷰, 영상 자료 등 다양한 자료를 활용하는 이유를 이해하며 글을 읽을 수 있도록 합니다.

1 [진행자] 오늘도 전국 대부분 지역에서 미세 먼지가 기승을 부렸습니다. 서울은 벌써 10일째 '매우 나쁨' 수준이며, 충청·남부 지역은 '나쁨' 수준입니다. 미세 먼지를 관측하기 시작한 후로 미세 먼지가 가장 오래 지속되고 있습니다. 우리의 삶을 위협하는 미세 먼지. 오늘은 이 미세 먼지의 정체와 발생 원인 그리고 대처 방안을 살펴보겠습니다. 김비상 기자의 보도입니다.

▶ 미세 먼지의 관측 현황

2 [기자] 서울에서 10일째 고농도 미세 먼지가 지속되는 가운데 내일도 서울의 미세 먼지 농도는 '나쁨' 수준이 예상됩니다. 미세 먼지가 문제를 일으키는 이유는 크기가 매우 작기 때문입니다. 미세 먼지란 지름이 10μm(마이크로미터) 이하인 먼지를 말하는데 입자가 매우 작아 일반적인 먼지와 달리 코, 입안, 기관지에서 걸러지지 않고 우리 몸 안에 쌓입니다.

[호흡기내과 전문의] 오랫동안 미세 먼지에 노출되면 면역력이 떨어져서 비염, 천식, 기관지염, 폐암 같은 호흡기 질환뿐만 아니라 피부 질환, 심혈관 질환 등의 여러 질병에 걸릴 수 있습니다. 세계 보건 기구(WHO)에서 미세 먼지를 구성하는 물질 중 일부를 1급 발암 물질로 지정했을 정도로 그 위험성은 심각합니다.

▶ 미세 먼지의 개념 및 미세 먼지의 위험성

미세 먼지 때문에 발생할 수 있는 각종 질병

- 👁 눈: 알레르기성 결막염, 각막염
- 👃 코: 알레르기성 비염
- 🫁 기관지: 기관지염, 천식
- 🫁 폐: 폐포 손상

3 [기자] 그렇다면 미세 먼지의 발생 원인은 무엇일까요? 먼저 국외 원인으로 중국에서 발생하는 미세 먼지를 들 수 있습니다. 우리나라와 가까운 중국 동북 지역에는 공장 시설이 많은데, 이곳에서 오염 물질이 대량으로 발생하고 있습니다. 아황산가스, 질소 산화물, 납 등을 포함한 이 오염 물질은 바람을 타고 끊임없이 우리나라로 날아옵니다.

[환경 공학 연구원] 국내에서도 미세 먼지가 발생합니다. 국내에서 발생하는 미세 먼지의 원인은 석탄, 석유 등 화석 연료를 태울 때 생기는 매연과 자동차 배기가스, 건설 현장에서 발생하는 날림 먼지 등입니다. 서울, 부산, 인천 등 대도시와 공업 단지에서 미세 먼지 수치가 높은 것을 보면 이를 알 수 있습니다.

▶ 미세 먼지의 발생 원인

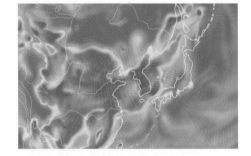

4 [기자] 우리나라는 미세 먼지 문제에 대처하기 위해 국가 차원에서 많은 노력을 하고 있습니다. 차량 2부제를 실시하고 천연가스 버스 운행을 늘리고 있습니다. 또, 대중교통을 이용하도록 권장하는 등 여러 가지 방법을 시도하고 있습니다. 개개인의 노력도 필요합니다. 미세 먼지 수치가 높은 날에는 되도록 밖에 나가지 않는 것이 좋지만, 만약 외출할 때에는 식품 의약품 안전처에서 인증한 보건용 마스크를 착용하고, 외출 후 집에 들어오면 손과 얼굴을 깨끗이 씻어야 합니다. 지금까지 한국 뉴스 김비상이었습니다.

▶ 미세 먼지에 대처하기 위한 노력

글 내용 한눈에 보기 •••

본문 41쪽

1 미세 먼지 **2** 중국 **3** 자동차 **4** 대중교통 **5** 마스크

글을 이해해요

☑ 자기 평가

본문 42쪽

01 (내용 이해)
④

○ ✕

02 (내용 이해)
ㄷ, ㄹ

○ ✕

03 (내용 추론)
⑤

○ ✕

04 (중심 내용 쓰기)
지름이 10㎛ 이하의 먼지인 미세 먼지는 인체에 유해하므로, 미세 먼지를 줄이기 위한 국가 차원에서의 노력 및 미세 먼지에 노출되지 않기 위한 개개인의 노력이 필요하다.

○ ✕

01 1문단에 제시된 진행자의 말을 통해 이 뉴스에서 전달하고자 하는 내용을 알 수 있어요. 미세 먼지를 연구하는 단체에 대한 정보는 전달하고 있지 않아요.

(오답풀이)
① 2문단에서 미세 먼지의 개념에 대해 알려 주고 있어요.
② 3문단에서 미세 먼지의 발생 원인을 국외 원인과 국내 원인으로 나누어 설명하고 있어요.
③ 4문단에서 미세 먼지 문제에 대처하기 위한 국가와 개인 차원에서의 방법을 설명하고 있어요.
⑤ 2문단에서 미세 먼지가 우리 몸에 미치는 영향에 대해 설명하고 있어요.

02 3문단에서 우리나라에 미세 먼지가 나타나는 국외 원인과 국내 원인을 제시하고 있어요. ㄷ은 국내 원인이고, ㄹ은 국외 원인이에요.

03 뉴스에서는 미세 먼지의 개념과 발생 원인, 대처 방법을 중점적으로 다루고 있어요. 선지에 제시된 자료들이 뉴스의 주제와 관련이 있는지 판단해 보아요.

(이럴 땐 이렇게!) 뉴스에서는 내용을 효과적으로 전달하기 위해 이미지(그림, 사진), 영상, 도표 등과 같은 자료를 사용해요. 전달하려는 주제와 밀접한 관련이 있는 자료를 넣어야 한다는 점을 기억하세요.

04 이 글은 미세 먼지의 위험성을 알리고 미세 먼지가 발생하는 원인과 이에 대처하기 위한 방법에 대해 다루고 있는 뉴스예요. 미세 먼지의 개념과 대처 방안을 중심으로 내용을 정리해 보세요.

어휘를 익혀요

본문 43쪽

01 **1** ㄷ **2** ㄱ **3** ㄴ   **02** **1** 기승 **2** 관측   **03** **1** 권장 **2** 위협 **3** 시도

10 꽃처럼 아름다운 담, 꽃담

코칭Tip 이 글은 우리나라 전통 건축 기법인 꽃담에 대해 설명하고 있는 글입니다. 꽃담의 개념과 기능, 꽃담에 쓰이는 재료, 오늘날 꽃담을 볼 수 있는 곳 등 다양한 정보를 확인하며 글을 읽을 수 있도록 합니다.

1 우리가 담을 쌓는 까닭은 공간을 나누기 위해서 또는 무언가를 막기 위해서이다. 집 주변에 담을 둘러 이곳이 자신의 것임을 나타내기도 하고 사람이나 동물의 침입, 외부의 시선, 바람이나 소음 등을 막기 위해 담을 쌓기도 한다. 사람들이 언제부터 담을 쌓기 시작했는지 그 유래는 명확히 알 수 없다. 다만 나라와 나라 사이의 경계를 표시하거나 신분을 구분하기 시작할 때부터 담이 필요했을 것으로 추측하고 있다. ▶ 담을 쌓는 까닭과 그 유래

2 우리나라에서는 예로부터 여러 가지 색으로 글자나 무늬 등을 넣어 담장을 쌓고 모양을 내기도 하였다. 이렇게 장식한 담장을 '꽃담'이라고 한다. 꽃담은 공간을 분리하는 경계의 기능 외에 아름다움을 추구하는 장식적 기능을 더하고 있다. 그런데 꽃담은 단순히 아름답게만 보이려고 꾸민 담이 아니라, 자연과 더불어 살아온 우리 선조들의 삶의 지혜가 깃들어 있는 문화유산이라 할 수 있다. 즉 자연을 해치거나 거스르려 하지 않고 함께 어우러져 살고자 하는 삶의 태도가 꽃담에 담겨 있다. 바깥으로는 인간을 괴롭히는 나쁜 기운들을 막으면서 안으로는 건강하게 오래 살고자 하는 무병장수의 복을 불러오기 위해 다양한 문양을 만들어 담에 새김으로써 일종의 보호막을 만든 것이다. 『복숭아 무늬를 새겨 넣음으로써 장수를 기원하고, 바둑판같이 그려진 석쇠무늬를 통해 온갖 악귀를 막으려 했으며, 꽃무늬를 새겨서 행운이 오도록 하였다. 그중 국화 무늬는 높은 품위와 지조를 나타내는 데 사용되기도 하였다.』 ▶ 꽃담의 개념과 기능

3 이러한 꽃담은 조상들이 담을 쌓으면서 깨진 기왓장이나 돌을 그 사이사이에 넣어 장식한 것이 시작이라고 할 수 있다. 꽃담을 쌓을 때는 주로 진흙과 모래, 돌 등을 사용했다. 거기에 흙을 구워 만든 전돌, 석회, 짚을 썰어 만든 여물, 새끼줄, 나무, 물감 등을 활용하여 장식을 더했다. 꽃담에 쓰이는 재료들은 대부분 주변에서 손쉽게 구할 수 있는 것들이었다. ▶ 꽃담에 쓰이는 재료

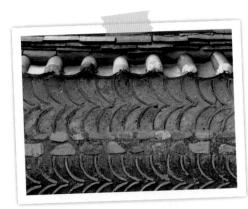

▲ 기왓장과 돌을 넣은 꽃담

4 꽃담은 삼국사기에 '진골 계급은 주택의 담장에 석회를 발라 꾸미지 못한다.'라는 기록이 있는 것으로 보아 삼국 시대부터 이미 성행하고 있던 것으로 추정할 수 있다. 이후 고려를 이은 조선에 계승되었으나 검소한 것을 숭상하던 조선의 세태에 화려한 꽃담은 맞지 않았기에 그 기세가 꺾였다. 오늘날에는 조선 시대의 궁궐인 경복궁, 창덕궁, 덕수궁 등에서 꽃담을 찾아볼 수 있다. 왕비의 생활 공간인 경복궁 자경전에는 무병장수의 바람을 다양한 무늬로 나타낸 화려한 꽃담이 둘러진 것을 볼 수 있고, 창덕궁 낙선재 후원에서는 높은 미적 감각으로 장식된 꽃담을 감상할 수 있다. ▶ 꽃담의 성행 시기 및 오늘날 남아 있는 꽃담

▲ 자경전 꽃담

≫ 글 내용 한눈에 보기 •••

본문 45쪽

1 꽃담 **2** 장식적 **3** 무병장수 **4** 조선

◁ 글을 이해해요 ▷

✓ 자기 평가

본문 46쪽

01 (내용 이해)
1 장수 **2** 국화
◯ ✕

02 (내용 이해)
①
◯ ✕

03 (내용 비판)
⑤
◯ ✕

04 (중심 내용 쓰기)
꽃담은 경계를 표시하고 각종 침입을 막기 위한 담의 본래적 기능뿐만 아니라 장식적 기능을 더하고 있으며, 나쁜 기운을 막고 복을 불러들이고자 했던 선조들의 삶의 지혜가 깃들어 있는 문화유산이다.
◯ ✕

01 **1** 2문단에서 복숭아 무늬를 새겨 넣음으로써 장수를 기원한다고 했어요.
2 2문단에서 국화 무늬는 품위와 지조를 나타낸다고 했어요.

02 4문단에서 꽃담은 삼국 시대에 성행하였으나 검소한 것을 숭상하던 조선의 세태에 화려한 꽃담은 맞지 않았기 때문에 그 기세가 꺾였다고 했어요.

(오답 풀이)
② 1문단에서 담의 기능을 설명하고 있어요.
③ 2문단에서 꽃담은 우리 선조들의 삶의 지혜가 담겨 있는 문화유산이라고 했어요.
④ 1문단에서 담을 쌓게 된 유래는 명확하게 알 수가 없다고 했어요.
⑤ 3문단에서 꽃담에 사용되는 재료들을 설명하고 있어요.

03 비유하는 대상을 파악하며 읽는 것은 주로 시와 같은 문학 작품을 읽을 때에 쓰는 방법이에요. 설명하는 글에서도 비유 표현을 사용할 수는 있지만, 이 글에서는 비유 표현이 나타나지 않아요.

(오답 풀이)
① 글에 제시된 정보가 필요한 정보인지를 따져 가며 읽어요.
② 자기가 몰랐던 새롭게 알게 된 점을 발견하며 읽고 이를 정리해 두어요.
③ 각 문단의 중심 내용을 파악하며 읽으면 글을 체계적으로 이해할 수 있어요.
④ 글쓴이가 설명하고 있는 대상의 특징을 정리하면서 읽으면 글을 이해하는 데에 도움이 돼요.

04 이 글은 우리나라 전통 건축 기법인 꽃담에 대해 설명하고 있어요. 꽃담은 담의 본래적 기능 외에도 꽃담만의 특별한 기능을 지니고 있어요. 이러한 내용이 잘 드러나도록 중심 내용을 정리해 보세요.

◁ 어휘를 익혀요 ▷

본문 47쪽

01 **1** ㄱ **2** ㄷ **3** ㄴ   **02** **1** 장수 **2** 유래   **03** **1** 지조 **2** 문화유산 **3** 무병장수

11 시력의 모든 것

코칭 Tip 이 글은 시력이란 무엇인지, 시력은 어떻게 측정하는지를 설명하고 있습니다. 우리 눈이 대상을 보는 과정을 파악하고, 근시와 원시의 차이점과 이에 따른 시력 교정 방법을 이해하며 글을 읽을 수 있도록 합니다.

1 병원이나 학교에서 시력 검사를 해 본 경험이 있을 것이다. '시력'이란 '떨어져 있는 두 점'을 하나가 아닌 '두 점'으로 인식할 수 있는 능력을 말한다. 우리의 눈은 아주 많은 기관으로 이루어져 있는데, 그중 눈동자를 덮고 있는 막을 각막이라고 한다. 빛이 이 각막을 통해 눈의 안쪽으로 들어오면 눈알의 검은색 부분인 동공에서 받아들이는 빛의 양을 알맞게 조절한다. 들어오는 빛의 양이 많으면 동공의 크기를 줄여 받아들이는 빛의 양을 줄이고, 반대로 들어오는 빛의 양이 적으면 동공의 크기를 키워 받아들이는 빛의 양을 늘린다. 알맞은 양으로 조절된 빛은 동공 뒤에 있는 수정체를 지난다. 수정체는 볼록 렌즈의 모양과 비슷한데 두꺼워졌다 얇아졌다 하며 빛을 굴절시킨다. 굴절된 빛이 망막 위에 상으로 맺히면 이것이 시각 신경을 통해 뇌로 전달되고, 우리는 눈으로 보는 대상이 무엇인지 알 수 있게 된다. 흔히 시력이 좋다고 하는 것은 망막에 상이 뚜렷이 맺혀서 떨어져 있는 두 점을 명확하게 인식하는 것을 말한다.

▶ 시력의 개념 및 우리 눈으로 대상을 보는 과정

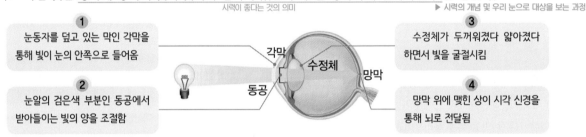

1 눈동자를 덮고 있는 막인 각막을 통해 빛이 눈의 안쪽으로 들어옴

2 눈알의 검은색 부분인 동공에서 받아들이는 빛의 양을 조절함

3 수정체가 두꺼워졌다 얇아졌다 하면서 빛을 굴절시킴

4 망막 위에 맺힌 상이 시각 신경을 통해 뇌로 전달됨

각막 / 수정체 / 동공 / 망막

▲ 눈으로 대상을 보는 과정

2 그렇다면 시력은 어떻게 측정할까? 1909년 국제 안과 학회는 란돌트 고리를 이용하여 시력을 측정하기로 결정했다. 그 전에도 시력 검사법이 있었지만 글을 모르는 사람과 어린이들을 위해 고안한 란돌트 검사법을 국제 기준으로 삼은 것이다. 란돌트 고리는 시력 검사표에서 흔히 볼 수 있는 C자 모양 고리를 말하는데 바깥지름이 7.5mm이고, 상하좌우 중 한 곳에 폭 1.5mm의 구멍이 뚫려 있다. 5m 떨어진 곳에서 란돌트 고리의 뚫린 방향을 구분할 수 있는 시력을 1.0으로 정했다. 그리고 기준보다 시력이 안 좋은 경우는 0.9~0.1로, 기준보다 시력이 좋은 경우는 1.2~2.0으로 세분화하여 측정하기로 했다.

▶ 란돌트 고리를 이용한 시력 측정 방법

3 시력이 좋지 않을 때는 시력 교정을 해야 하는데 사람마다 눈 상태가 다르기 때문에 시력 교정 방법도 이에 따라 달라진다. 가까운 거리는 잘 보이지만 먼 거리는 잘 보이지 않는 경우를 근시라고 한다. 정상인의 눈보다 수정체와 망막 사이의 거리가 길거나 수정체가 두껍기 때문에 나타나는 증상이다. 근시는 상이 망막의 앞에 맺히기 때문에 오목 렌즈를 사용하여 빛을 바깥쪽으로 퍼지게 해서 망막에 상 맺히게 조절한다. 반대로 먼 거리는 잘 보이지만 가까운 거리는 잘 보이지 않는 경우는 원시라고 한다. 정상인의 눈보다 수정체와 망막 사이의 거리가 짧거나 수정체가 얇기 때문에 나타나는 증상이다. 원시는 상이 망막의 뒤쪽에 맺히기 때문에 볼록 렌즈를 사용하여 눈으로 들어가는 빛을 안쪽으로 모아 망막에 상 맺히게 조절한다.

▶ 눈 상태에 따라 달라지는 시력 교정 방법

❯❯ 글 내용 한눈에 보기 •••

본문 49쪽

1 시력　**2** 망막　**3** 란돌트　**4** 근시　**5** 원시

◀ 글을 이해해요 ▶

☑ 자기 평가

본문 50쪽

01 (내용 이해)

ㄱ → ㄷ → ㄴ → ㄹ

○　✕

02 (내용 비판)

⑤

○　✕

03 (내용 추론)

1 수정체　**2** 오목

○　✕

04 (중심 내용 쓰기)

　떨어져 있는 두 점을 하나가 아닌 두 점으로 인식하는 능력을 시력이라고 하는데, 시력 측정은 란돌트 검사법을 국제 기준으로 삼고 있으며, 시력을 교정할 때는 각자의 눈 상태에 따라 시력 교정 방법이 달라진다.

○　✕

01 1문단에서 우리 눈으로 대상을 보는 과정을 설명하고 있는 내용과 이를 요약하여 정리한 그림 자료를 참고하여 순서대로 정리해 보세요. 눈의 각 부위별 명칭을 기억하고, 각각 어떤 역할을 하는지 파악해 보세요.

02 2문단에 란돌트 검사법이 시력 측정의 국제 기준이 된 이유, 란돌트 고리의 생김새와 이것을 이용한 시력 측정 방법이 나와 있어요. 란돌트 고리를 이용한 시력 측정 방법은 글을 모르는 사람과 어린이를 위해 고안하였다고 했어요.

(이럴 땐 이렇게!) 선지는 다양한 형식으로 제시될 수 있어요. 형식이 달라지더라도 글에서 근거를 찾아 답을 하는 방식은 같답니다.

03 민아는 가까운 곳에 있는 것은 잘 보이지만 먼 곳에 있는 것은 잘 보이지 않는 것으로 보아 근시 증상이 있어요. 근시를 교정하는 방법은 3문단에서 찾을 수 있어요. 근시는 상이 망막의 앞에 맺히기 때문에 오목 렌즈를 사용하여 빛을 바깥쪽으로 퍼지게 해서 망막에 상이 맺히게 조절해야 해요.

04 이 글은 시력의 개념과 우리 눈으로 대상을 보는 과정에 대해 설명하고, 시력 측정 방법으로 국제 기준인 란돌트 검사법을 제시하고 있어요. 그리고 사람마다 눈 상태가 다르므로 근시인지 원시인지에 따라 시력 교정 방법이 달라짐을 설명하고 있어요.

◀ 어휘를 익혀요 ▶

본문 51쪽

01 **1** ㄴ　**2** ㄱ　**3** ㄷ　　**02** **1** 굴절　**2** 교정　**3** 측정　　**03** **1** 고안　**2** 인식

12 다수결의 함정

코칭Tip 이 글은 의사 결정 방법 중 하나인 다수결에 대해 설명하고 있는 글입니다. 다수결의 장단점을 이해하고, 합리적인 의사 결정을 위해 다수결을 사용할 때 유의할 점을 확인하며 글을 읽을 수 있도록 합니다.

1 사회는 많은 개인이 모여 이루어진다. 그런데 사회를 이루는 개인은 각자 성격도 다르고, 생각도 다르다. 이렇게 다양한 사람들이 모인 사회에서 무엇인가를 결정하려면 어떻게 해야 할까? 민주 사회에서 의사 결정을 하는 가장 좋은 방법은 모든 사람이 찬성하는 의견을 선택하는 것이다. 하지만 모두의 의견이 일치하기란 현실적으로 어렵기 때문에 '다수결'의 방법을 사용한다. 다수결은 한자로 '多 많을 다, 數 셀 수, 決 결정할 결'을 사용하여 쓴다. 한자의 뜻에서 알 수 있듯이, 다수결은 많은 사람이 선택한 의견에 따라 의사를 결정하는 것을 말한다. ▶ 다수결의 뜻

2 다수결로 의견을 결정하는 방법은 여러 가지이다. 그중 가장 기본적인 방법은 참석한 사람들 중 절반 이상이 선택한 것을 고르는 '과반수 찬성'이다. 이 밖에 참석한 사람들 중 3분의 2 이상이 선택한 것을 고르는 '특별 다수결', 참석 여부와 관계없이 선택할 권리를 지닌 사람들 중 절반 이상이 선택한 것을 고르는 '절대 다수결'이 있다. 결정해야 하는 일의 중요도에 따라 적절한 다수결 방법을 선택할 수 있다. ▶ 다수결의 종류

3 우리는 다양한 상황에서 다수결을 사용하고 있다. 작게는 학교 안에서 이루어지는 반장 선거, 학생회장 선거에서 부터 크게는 나라의 통치자를 뽑는 대통령 선거까지 다수결을 사용한다. 이렇게 서로의 이해관계가 달라 의견을 모으기 어려운 상황에서 다수결을 사용하면 의견을 최종으로 결정할 시점을 명확히 정할 수 있고, 의견을 빠르게 결정할 수 있다. ▶ 다수결의 장점

4 그러나 다수결에도 문제점이 있다. 먼저 다수의 사람이 선택한 의견이 옳지 않을 수 있다. 다수결을 따르는 것의 밑바탕에는 다수의 의견을 선택하는 것이 소수의 의견을 선택하는 것보다 합리적이라는 생각이 깔려 있다. 그러다 보니 종종 옳은 의견임에도 소수 의견이라는 이유로 무시되는 일이 벌어지기도 한다. 그리고 때로는 다수결로 결정한 의견이 최대 다수가 만족하는 결과가 아닐 수도 있다. 선택할 수 있는 의견이 너무 많아서 최종으로 결정된 의견을 선택한 사람의 수가 많지 않을 경우에는 결정된 의견에 만족하는 사람보다 만족하지 못하는 사람이 더 많을 수 있다. ▶ 다수결의 단점

5 이처럼 합리적인 의사 결정 방법처럼 보이는 다수결에도 문제점이 있다. 그렇기 때문에 다수결로 의사를 결정할 때에는 다음과 같은 점에 유의해야 한다. 첫째, 의사 결정에 참여하는 모든 사람에게 평등한 기회를 제공한다. 둘째, 의견을 충분히 나누고 소수의 의견도 존중한다. 셋째, 진리의 문제나 인간의 존엄성, 정의의 원칙과 관련한 문제에는 다수결을 적용하지 않는다. 넷째, 상대방의 의견을 수용하려는 열린 태도를 지닌다. 다수결은 다수가 소수의 의견을 존중하고, 소수가 다수의 의견을 받아들일 때 비로소 빛을 발할 것이다. ▶ 다수결을 사용할 때 유의할 점

글 내용 한눈에 보기 •••

본문 53쪽

1 다수결 **2** 의견 **3** 소수 **4** 기회 **5** 진리

글을 이해해요

☑ 자기 평가   본문 54쪽

01 (내용 비판)
⑤

02 (내용 이해)
1 과반수 찬성
2 특별 다수결
3 절대 다수결

03 (내용 추론)
②

04 (중심 내용 쓰기)
　다수결은 많은 사람이 선택한 의견에 따라 의사를 결정하는 방법으로, 장단점이 존재하기 때문에 소수의 의견을 존중하고 상대방의 의견을 수용하려는 태도를 지니는 등 유의하여 사용해야 한다.

01 4문단에서 다수결을 사용할 때의 문제점을 살펴보세요. 선택할 수 있는 의견이 많을수록 사람들의 선택이 분산될 수 있어요. 이럴 경우에는 최종 선택된 의견의 표가 많지 않을 때 결정된 의견에 만족하는 사람보다 만족하지 못하는 사람이 더 많을 수 있다고 했어요.

(오답 풀이)
①, ② 4문단에서 다수결의 문제점으로 지적하고 있는 내용이에요.
③, ④ 3문단에서 다수결을 사용했을 때의 장점으로 제시하고 있는 내용이에요.

02 **1** 2문단에서 다수결의 종류에 대해 설명하고 있어요. 과반수는 절반이 넘는 수를 뜻해요.
2, **3** 2문단에 참석한 사람들 중 3분의 2 이상이 선택한 것을 고르는 특별 다수결과 참석 여부와 관계없이 선택할 권리를 지닌 사람들 중 절반 이상이 선택한 것을 고르는 절대 다수결에 대한 설명이 제시되어 있어요.

03 5문단에서 진리의 문제나 인간의 존엄성, 정의의 원칙과 관련한 문제는 다수결을 적용하지 않는다고 했어요. 전쟁은 인간의 존엄성과 정의의 원칙과 관련된 문제예요. 따라서 이웃 나라와 전쟁을 벌이고자 하는 문제는 다수결을 적용할 수 없어요.

04 이 글은 다수결의 뜻과 종류를 살펴보고 다수결을 사용할 때의 장점과 단점을 비교하고 있어요. 그리고 다수결이 합리적인 의사 결정이 되기 위해서 유의해야 할 점에 대해 설명하고 있어요.

어휘를 익혀요

본문 55쪽

01 **1** ㄴ **2** ㄱ **3** ㄷ **02** **1** 과반수 **2** 무시 **3** 이해관계 **03** **1** 존엄성 **2** 권리 **3** 다수결

13 우리 문화재 지킴이, 간송 전형필

1 간송 전형필은 교육자이자 문화재 수집가로, 일제 강점기에 우리나라의 문화재를 지켜 내기 위해 전 재산과 일생
중심 소재
을 바친 인물이다. 자신이 모은 수많은 문화재를 보존하기 위해 한국 최초의 개인 미술관인 간송 미술관을 세운 전형필
을 만나 보자.
▶ 간송 전형필에 대한 소개

2 전형필은 1906년 서울에서도 손꼽히는 부잣집에서 태어났다. 문화 예술인들과 교류하며 학창 시절을 보낸 그는
문화적 소양을 갖춘 전형필이 많은 재산을 상속받게 됨
아버지가 세상을 떠난 후 막대한 재산을 상속받게 되었다.
▶ 전형필의 출생과 성장

3 전형필은 물려받은 재산으로 뜻깊은 소망을 실현하고자 하였다. 그는 민족의 정기를 되살리기 위해서는 우리 민족
의 문화적 전통을 단절시키지 말아야 한다고 생각했다. 일제 강점기에 일본은 우리의 국권을 강탈하고, 땅과 재산은 물
당시의 시대적 상황 ①
론이고 무엇이든 닥치는 대로 빼앗아 갔다. 문화재도 예외는 아니었다. 수많은 서화, 도자기, 불상, 석조물, 서적 등이
당시의 시대적 상황 ②
일본으로 빠져나가는 상황이었다. 전형필은 자신의 재산을 아끼지 않고 전국 팔도를 다니며 문화적으로 가치 있는 물
건을 찾아 사 모으고, 이미 일본으로 팔려 간 문화재 중에서 꼭 되찾아와야 할 가치가 있는 것은 값을 따지지 않고 구입
하였다.
▶ 우리 문화재를 지키기 위해 노력한 전형필

4 문화재의 가격을 정할 때, 전형필은 그것을 파는 사람이 요구하는 액수가 아니라 그 문화재가 지닌 가치를 판단하
전형필이 문화재를 대하는 마음
여 그에 맞는 값을 치렀다. 기와집 한 채가 천 원이던 시절, 그는 오천 원으로 그림 한 장을 사고 이만 원으로 도자기 하
나를 샀다. 심지어 오천 원에 사들인 낡은 그림을 그림값보다 더 많은 돈을 들여 손질하는 등 우리의 유산을 아끼고 보
존하는 일에 재산을 아끼지 않았다. 그런 그의 모습을 보고 주변 사람들은 '집안을 말아먹을 철부지', '바보 같은 남자'
라며 비웃고 손가락질을 하기도 하였다.
▶ 문화재의 가치를 판단하여 값을 치른 전형필

5 한국 전쟁 때 피난을 가면서도 전형필이 품 안에 넣고 소중하게 지킨 것이 있었는데, 바로 『훈민정음 해례본』이다.
일제 강점기에 일본인들의 눈을 피해 안동까지 찾아가 당시 기와집 열 채 값을 치르고 수집한 것으로, 파는 사람이 원하
는 값의 열 배를 주고 샀다는 일화가 전해진다. 『훈민정음 해례본』은 유네스코 세계 기록 유산으로 지정된 우리나라의 국
전형필이 수집하여 지켜 낸 가치 있는 문화유산
보로, 그가 찾아낸 최고의 문화유산이라 할 수 있다.
▶ 『훈민정음 해례본』을 지켜 낸 전형필

6 1938년, 전형필은 우리나라 최초의 개인 미술관인 보화각(현재 간송 미술관)을 세웠다. 그가 모은 낡은 물건들은
보화각에서 빛나는 보물이 되었다. 피난길에서도 지켜 낸 『훈민정음 해례본』, 전 세계의 찬사를 받는 고려청자, 소박한
백성을 빼닮은 조선백자, 어떤 그림보다도 아름다운 추사 김정희의 글씨, 우리나라의 실제 산을 담은 겸재 정선의 산수
간송 미술관에서 전시한 가치 있는 우리의 문화유산들
화, 그리고 우리 조상의 생활 모습을 담은 김홍도와 신윤복의 풍속화 등을 전시하고 보관하였다.
▶ 우리나라 최초의 미술관을 세운 전형필

7 전형필이 없었다면 우리의 문화재는 어떻게 되었을까? 일제 강점기에 사라져 가는 민족의 정신을 수호하기 위해
전형필의 신념
우리의 것을 지켜야 한다고 생각했던 전형필. 그의 신념과 노력 덕분에 우리의 많은 문화재가 일본으로 유출되지 않고,
오늘날 국보와 보물로 지정되는 등 훌륭한 문화유산으로서 그 가치를 인정받고 있다. 그가 지켜 낸 것은 단순히 문화재
전형필의 업적
몇 점이 아니라, 오늘날까지 이어져 올 수 있었던 우리 민족의 문화와 역사였다.
▶ 우리의 문화와 역사를 지켜 낸 전형필

⟩⟩ 글 내용 한눈에 보기 •••

본문 57쪽

1 수집 **2** 보화각 **3** 열 **4** 정신

◁ 글을 이해해요 ▶

☑ 자기 평가

본문 58쪽

01 (내용 추론)
④   ○ ✕

02 (내용 이해)
④   ○ ✕

03 (내용 비판)
나윤   ○ ✕

04 (중심 내용 쓰기)
　　간송 전형필은 일제 강점기에 우리의 <u>문화재를 수집하고 보존</u>하는 데에 혼신의 힘을 기울였으며 그가 보존해 온 문화재들은 오늘날 그 가치를 인정받고 있다.   ○ ✕

01 『훈민정음 해례본』은 조선 시대에 세종 대왕과 집현전 학사들이 간행한 책이에요. 전형필은 이 책을 지켜 낸 인물이라고 했어요.

(오답 풀이)

① 4문단에서 당시 기와집 한 채의 가격이 천 원이었다고 했어요.

②, ⑤ 3문단에서 일본은 우리나라의 국권을 강탈하고, 재산은 물론 문화재까지 빼앗아 갔다고 했어요. 국권이란 국가가 행사하는 권력으로, 주권과 통치권을 말해요. 일본은 우리나라의 주권과 통치권을 강제로 빼앗아 간 것이죠.

③ 5문단에서 한국 전쟁 때 피난을 가면서도 전형필은 『훈민정음 해례본』을 품 안에 넣고 지켰다고 했어요.

02 우리나라의 아름다운 산과 물 등 자연의 모습을 화폭에 옮겨 산수화를 그린 사람은 겸재 정선이에요. 신윤복은 시대의 풍습을 그리는 풍속화를 주로 남겼어요.

03 전형필은 문화재의 가치를 판단하여 그에 맞는 값을 치렀어요. 돈이 없는 가난한 사람들을 돕기 위해 한 행동이 아니라, 우리나라 문화재의 가치를 올바르게 평가하고 문화재를 보존하기 위한 행동이었어요.

(오답 풀이)

[해준] 전형필은 자신의 전 재산을 털어 문화재를 사 모으고, 미술관을 지어 문화재를 보존하는 데에 힘썼어요.

[정우] 7문단에 전형필의 신념이 나타나 있어요.

[현진] 7문단에서 전형필이 지켜 낸 문화재는 우리의 문화와 역사라고 했어요. 전형필이 지켜 낸 문화재는 오늘날 문화와 역사를 연구하는 데에 큰 도움이 되고 있어요.

04 이 글은 우리나라의 문화재를 수집하고 보존하는 데에 전 재산과 일생을 바친 간송 전형필의 삶을 서술한 전기문이에요. 그의 업적을 중심으로 내용을 정리해 보세요.

◁ 어휘를 익혀요 ▶

본문 59쪽

01 **1** ㄷ **2** ㄴ **3** ㄱ   **02** **1** 상속 **2** 일화 **3** 손꼽   **03** **1** 신념 **2** 유출

14 아프리카의 이상한 국경선

코칭Tip 이 글은 아프리카의 국경선에 대해 설명하고 있는 글입니다. 보통의 구불구불한 국경선과 달리 아프리카의 국경선이 직선 모양인 이유와 그로 인한 문제는 무엇인지 파악하며 글을 읽을 수 있도록 합니다.

❶ 국경선 안의 지역은 하나의 국가로, 대체로 같은 민족의 사람들로 구성되고 같은 언어를 사용하며 같은 문화를 누린다. 국가와 국가 사이의 경계선인 국경선은 일반적으로 산맥이나 하천과 같은 자연적 지형을 기준으로 정해지기 때문에 보통은 구불구불하다. 그런데 아프리카 대륙의 어떤 국경선들은 마치 자를 대고 그린 것처럼 직선에 가깝다. 이는 국경을 자연적 지형으로 나눈 것이 아니라 인위적으로 나누었기 때문이다. 왜 아프리카의 국경은 인위적으로 나누어진 것일까? 아프리카 대륙에 무슨 일이 벌어졌었는지 알아보자. ▶ 일반적인 국경선의 모양과 다른 아프리카의 국경선

❷ 아프리카는 아시아 다음으로 큰 대륙으로, 많은 원주민들이 살고 있었다. 국경선이 만들어지기 전 아프리카 대륙의 원주민들은 인종, 종족, 부족에 따라 구성된 수천 개의 집단으로 이루어져 있었다. 그리고 그 집단들은 각각 정치적·경제적으로 독립하여 자신들만의 언어와 문화, 종교를 갖고 생활하고 있었다. ▶ 국경선이 만들어지기 전 아프리카 원주민들의 삶

❸ 1870년대에 산업 혁명을 통해 프랑스, 영국, 벨기에, 이탈리아, 포르투갈 등 유럽의 강대국들은 급격한 경제 발전을 이루었고 자원이 풍부한 아프리카 대륙에 관심을 보이기 시작했다. 벨기에의 국왕 레오폴드 2세는 탐험가 스탠리가 아프리카 콩고를 탐험할 수 있게 후원한 뒤에 벨기에가 콩고를 지배할 권리가 있다고 주장했다. 이후 강대국들은 아프리카를 ┌ ㉠ ┐으로 여기고 아프리카 대륙의 영토를 차지하려는 싸움을 시작했다. 싸움이 심각해지자 1884년 11월에 유럽 각국의 대표들이 모여 아프리카를 나누어 가지기 위한 협상을 하였는데, 이것이 바로 '베를린 회의'이다. ▶ 유럽 강대국들이 아프리카 대륙의 영토를 두고 협상을 한 베를린 회의

❹ 이 회의에서 유럽 국가들은 자신들 마음대로 아프리카를 나누어 가졌다. 아프리카의 국경선이 자로 대고 그린 것처럼 일직선 모양인 것은 이 회의의 결과물인 셈이다. 이 때문에 아프리카 사람들은 하나의 부족임에도 두 나라로 갈리기도 했고, 서로 적대적 관계의 부족임에도 한 나라로 묶이기도 했다. 언어와 문화, 종교가 다름에도 한 나라 안에서 살아가도록 강요받은 것이다. 아프리카 대부분의 국가가 유럽 국가들로부터 독립한 지 50여 년이 지났지만 아프리카 대륙 안에서는 끊임없이 전쟁이 일어나고 있다. 반듯하게 그어진 아프리카의 국경선, 그 속에는 수많은 아프리카 원주민들의 눈물이 담겨 있다. ▶ 베를린 회의 이후 달라진 아프리카 국경선의 모양과 원주민들의 삶

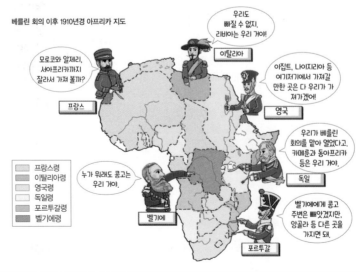

⌄ 글 내용 한눈에 보기 •••

본문 61쪽

① 원주민 **②** 콩고 **③** 베를린 **④** 국경선

◂ 글을 이해해요 ▸

☑ 자기 평가

본문 62쪽

01 (내용 이해)
　② ◯ ✕

02 (내용 추론)
　④ ◯ ✕

03 (내용 비판)
　가령 ◯ ✕

04 (중심 내용 쓰기) ◯ ✕
　아프리카 대륙의 국경선들이 직선 모양인 이유는 유럽 강대국들이 베를린 회의에서 원주민들의 삶과 문화를 고려하지 않고 마음대로 영토를 나누어 가진 결과이며, 이 때문에 오늘날까지도 아프리카 사람들은 끊임없는 전쟁에 시달리며 고통받고 있다.

01 아프리카의 국경선이 자로 그은 것처럼 직선인 까닭은 주로 3, 4문단에 나와 있으니 이 부분을 확인해 보세요. 아프리카의 국경선은 유럽 국가들이 아프리카를 나누어 가지며 정해졌다고 했어요.

（오답 풀이）
① 자연적 지형으로 정해졌다면 직선 모양이 아닌 구불구불한 모양이 되었을 거예요.
③ 베를린 회의에 참석한 사람들은 아프리카 부족장들이 아니라 유럽의 강대국 대표들이었어요.
④ 원주민들이 스스로 영토를 나눈 것이 아니라 유럽의 국가들이 마음대로 나누어 가진 것이에요. 원주민들의 삶과 문화를 고려하지 않고 말이죠.
⑤ 아프리카 사람들 간의 전쟁을 멈추게 하기 위해 장벽을 세웠다는 내용은 나타나 있지 않아요.

02 3문단에 유럽 각국이 아프리카 땅을 차지하기 위해 싸웠다는 내용이 나와요. 3문단의 내용으로 보아 유럽 국가들은 아프리카에 사는 원주민을 전혀 고려하지 않고, 그 땅에 주인이 없다고 생각했음을 알 수 있어요.

（이럴 땐 이렇게!） 빈칸에 들어갈 말을 찾기 어려우면 선지의 내용을 하나씩 빈칸에 넣어 보아요. 그랬을 때 빈칸의 앞뒤 내용과 가장 잘 연결되는 것을 찾아요.

03 글의 내용과 그림 자료를 이해해야 문제를 해결할 수 있어요. 제시된 그림은 한 국가 안에 여러 부족이 묶여 있는 아프리카의 모습을 나타내고 있어요. 이렇게 언어와 문화가 다른 부족이 하나의 국가로 묶여 있으면 갈등이 생길 수 있어요.

04 이 글은 아프리카 대륙의 국경선의 모양이 일반적인 국경선의 모양과 다른 이유를 설명하고 있어요. 아프리카의 국경선이 그어진 과정과 그로 인해 발생한 문제가 무엇인지를 파악한 후 내용을 정리해 보세요.

◂ 어휘를 익혀요 ▸

본문 63쪽

01 **①** ㄷ **②** ㄴ **③** ㄱ　　**02** **①** 국경선 **②** 원주민 **③** 협상　　**03** **①** 강대국 **②** 후원 **③** 인위적

15 에너지가 변신해요

코칭Tip 이 글은 에너지 중 위치 에너지와 운동 에너지에 대해 설명하고 있는 글입니다. 피겨 스케이팅 선수 김연아의 점프와 놀이공원의 롤러코스터의 예시를 통해 에너지의 전환과 에너지의 보존에 대해 이해하며 글을 읽을 수 있도록 합니다.

❶ 피겨 스케이팅을 하는 김연아 선수의 점프를 본 사람들은 그 멋있는 모습에 감탄한다. 체육 전문가들은 "김연아 선수는 스케이팅 속도가 빨라서 다른 선수에 비해 높이 뛰어오를 수 있고, 그래서 공중에서 회전할 수 있는 시간이 길다."라고 말한다. 이 말이 의미하는 바가 무엇인지 피겨 스케이팅 점프 속에 숨어 있는 과학 원리를 통해 알아보자.
▶ 김연아 선수의 점프에 숨어 있는 과학적 원리

❷ 에너지는 위치 에너지, 운동 에너지, 화학 에너지, 열에너지 등 다양한 형태로 존재하는데, 그중 피겨 스케이팅 점프에 영향을 미치는 것은 위치 에너지와 운동 에너지이다. 위치 에너지는 어떤 위치에 있는 물체가 가지는 에너지이다.
중심 소재 / 위치 에너지의 뜻
물체의 질량이 일정할 때, 기준이 되는 위치에서 물체까지의 높이가 높을수록 그 물체가 갖는 위치 에너지도 크다. 운
위치 에너지의 크기
동 에너지는 운동하는 물체가 가지는 에너지이다. 여기서의 '운동'이란 달리는 자전거처럼 물체가 시간이 지남에 따라
운동 에너지의 뜻
위치를 바꾸는 것을 말한다. 물체의 질량이 일정할 때, 움직이는 속력이 빠를수록 그 물체가 갖는 운동 에너지도 크다.
운동 에너지의 크기 ▶ 위치 에너지와 운동 에너지의 뜻과 크기

❸ 물체의 운동 에너지와 위치 에너지를 합한 것을 역학적 에너지라고 하며 두 에너지는 서로 전환될 수 있다. 놀이공
역학적 에너지의 전환
원의 롤러코스터는 레일 위를 오르내릴 때 전기를 이용하여 열차를 가장 높은 지점까지 끌어올린다. 열차는 가장 높은 지점에서 달리기 시작해서 정지할 때까지 엔진 같은 동력이 없이 움직인다. 롤러코스터가 동력 없이 움직일 수 있는 이유는 에너지의 전환이 일어나기 때문이다. 다음 그림을 보며 그 과정을 이해해 보자.

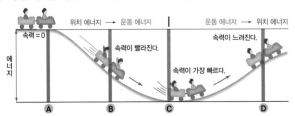

가장 높은 지점(**A**)에 있는 롤러코스터는 위치 에너지를 얻는다. 열차가 레일을 따라 내려오면 이 위치 에너지가 운동
위치 에너지는 최대이고 운동 에너지는 최소임
에너지로 바뀌면서 속력이 빨라진다(**B**). 열차가 레일의 가장 낮은 부분을 통과할 때 운동 에너지는 최대로 커진다(**C**).
위치 에너지가 작아지고 운동 에너지가 커짐 / 위치 에너지는 최소이고 운동 에너지는 최대임
레일의 가장 낮은 부분에서 다시 높은 부분으로 올라갈 때에는 운동 에너지가 다시 위치 에너지로 전환되며 속력이 느
운동 에너지가 작아지고 위치 에너지가 커짐
려진다(**D**).
▶ 에너지의 전환

❹ 물체가 운동할 때 외부의 간섭이 없다면 운동 에너지와 위치 에너지가 서로 전환되더라도 그 크기는 변하지 않는
역학적 에너지의 보존
다. 예를 들어 같은 무게의 바위가 서로 다른 높이에서 떨어질 때, 더 높은 곳의 바위가 위치 에너지가 더 크므로 바닥
위치 에너지가 더 큰 바위가 운동 에너지로 전환되었을 때도 에너지가 더 큼
으로 더 움푹 들어간다. 이를 통해 에너지가 서로 전환되더라도 원래 에너지의 크기는 변하지 않고 일정하게 유지됨을 알 수 있다.
▶ 에너지의 보존

❺ 김연아 선수의 점프에도 바로 이런 원리가 숨어 있다. 스케이팅을 하다가 점프를 하는 순간, 운동 에너지는 위치 에너지로 전환된다. 앞에서 김연아 선수는 스케이팅 속도가 빨라서 높이 뛰어오를 수 있고, 공중에서 회전할 수 있는 시간이 길다고 하였다. 스케이팅 속도가 빠르다는 것은 그만큼 운동 에너지가 크다는 뜻이고, 높이 뛰어오른다는 것은
에너지가 일정하게 유지됨(역학적 에너지의 보존 법칙)
그만큼 전환되는 위치 에너지도 크다는 뜻이다. 김연아 선수의 멋진 점프에는 에너지 전환이라는 과학의 원리가 숨어 있었던 것이다.
▶ 피겨 스케이팅 점프에서 알 수 있는 에너지의 전환

글 내용 한눈에 보기 •••

본문 65쪽

1 위치　**2** 운동　**3** 속력　**4** 전환　**5** 위치

글을 이해해요

☑ 자기 평가

본문 66쪽

01 (내용 추론)
① 　　　　　　　　　　　○ ✕

02 (내용 비판)
④ 　　　　　　　　　　　○ ✕

03 (내용 이해)
1 운동　　**2** 위치　　　○ ✕

04 (중심 내용 쓰기)
　높은 곳에서 떨어지는 물체는 위치 에너지와 운동 에
너지를 가지고 있는데, 이 두 에너지는 서로 전환될 수
있으며 전환되더라도 에너지는 일정하게 보존된다.

01 운동 에너지는 '구르다, 달리다, 올라가다, 내려가다'와
같은 말과 관련이 있고, 위치 에너지는 '아래, 높다'와 같은 말
과 관련이 있어요. 손바닥을 비벼서 따뜻해진 것은 운동 에너
지가 열에너지로 전환된 것이에요.

(이럴 땐 이렇게!) 글 내용을 실제 현상에 적용할 수 있는지 확인하
는 문제예요. 제시된 현상의 핵심어를 찾아 글의 내용과 연관 지으면
문제를 쉽게 해결할 수 있어요.

02 그림을 보면 바위의 질량은 같고 바위가 떨어진 깊이는
다른 것을 확인할 수 있어요. 높은 곳에 있던 바위는 아래에
있던 바위보다 위치 에너지가 더 크기 때문에 떨어지면서 모
래 바닥에 더 움푹 들어가요.

(오답풀이)

① 두 바위는 질량이 같다고 하였을 뿐, 크기에 대한 정보는
알 수 없어요.
② 모래 바닥에 더 움푹 들어간 것과 열에너지는 관련이 없
어요.
③ 위치 에너지가 큰 것이 운동 에너지도 커요.
⑤ 떨어지는 시간과는 관련이 없어요.

03 김연아 선수의 피겨 스케이팅 점프에 담긴 과학의 원리
는 5문단에서 자세히 설명하고 있어요. 스케이팅 속도가 빠르
다는 것은 운동 에너지가 크다는 뜻이고, 높이 뛰어오른다는
것은 전환되는 위치 에너지도 크다는 뜻이라고 했어요.

04 이 글은 물체가 지니는 위치 에너지와 운동 에너지에 대
해 설명하고 있어요. 두 에너지는 서로 전환될 수 있는데, 에
너지가 전환되더라도 에너지의 크기는 일정하게 보존된다는
내용을 설명하고 있어요.

어휘를 익혀요

본문 67쪽

01 **1** ㄱ　**2** ㄷ　**3** ㄴ　　**02** **1** 질량　**2** 미치　**3** 동력　　**03** **1** 유지　**2** 전환

16 숨어 있는 수학을 찾아라

코칭Tip 이 글은 우리 주변에서 발견할 수 있는 수학의 원리에 대해 설명하고 있는 글입니다. 별 모양과 격자무늬에서 어떤 수학의 원리를 찾을 수 있는지 파악하며 글을 읽을 수 있도록 합니다.

❶ 사람마다 보는 눈이 다르겠지만 일반적으로 누구나 아름답다고 여기는 대상이 있다. 학자들은 이 대상에서 황금비를 찾을 수 있다고 말한다. 아름다움의 대명사로 꼽히는 <u>이집트의 네페르티티 왕비(왼쪽의 조각상 사진)나 중국의 양귀비는 물론, 밀로의 비너스 상이나 미켈란젤로의 다비드 상 같은 조각상에서도 말이다.</u>
인물이나 조각상에서 찾을 수 있는 황금비
또 <u>파르테논 신전이나 피라미드 같은 건축물에도 황금비가 쓰였다고 한다.</u> 사실 <u>수학</u>에서 말하는 황금비는 숫자로 정해져 있지만, 앞에
건축물에도 쓰이는 황금비 중심 소재
서 말한 예들에 이 숫자와 정확히 들어맞는 비율이 나타나지는 않는다. 그럼에도 우리는 어떤 대상이 아름답게 느껴질 때 그 대상에서 황금비가 느껴진다고 말한다.
누구나 아름답다고 느끼는 대상에서 황금비를 찾을 수 있음 ▶ 누구나 아름답다고 여기는 대상에서 찾을 수 있는 황금비

❷ 황금비란 과연 무엇일까? 정오각형의 각 꼭짓점을 대각선으로 연결하면 별 모양이 생기고, 별 모양 안에는 작은 정오각형이 만들어진다. <u>고대 그리스의 수학자인 피타고라스는 별 모양에서 짧은 선분과 긴 선분이 5 : 8(=1 : 1.6)이라는 이상적인 비율, 즉 황금비를 발견하였다.</u>
피타고라스가 별 모양에서 발견한 황금비
고대 그리스의 수학자인 유클리드는 <u>황금비를 '한 선분을 전체 선분과 긴 선분의 비가 긴 선분과 짧은 선분의 비와 같도록 나누는 것'으로 정의하였다.</u>
유클리드가 정의한 황금비
오른쪽 그림을 보자. 'AB : AC=AC : BC'인 경우(AB는 전체 선분, AC는 긴 선분, BC는 짧은 선분을 의미), '점 C는 선분 AB를 황금비로 나눈다.'라고 한다. <u>이 황금비는 소수 셋째 자리까지만 나타내어 1.618 : 1이 된다.</u>
황금비의 값
▶ 별 모양에서 황금비를 발견한 피타고라스와 황금비를 정의한 유클리드

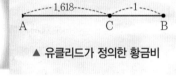

▲ 유클리드가 정의한 황금비

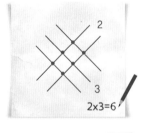

2×3=6

❸ 한편, 가로선과 세로선이 직각을 이루는 무늬인 격자무늬에서도 수학을 발견할 수 있다. 오른쪽 그림은 선을 오른쪽 위에서 왼쪽 아래로 2번, 왼쪽 위에서 오른쪽 아래로 3번 그은 격자무늬이다. <u>두 선이 만나는 점은 모두 6개인데, 이는 곧 2×3=6의 결과를 보여 준다.</u>
격자무늬를 이용하여 곱셈을 함
▶ 격자무늬를 만들어 곱셈을 하는 선 긋기 곱셈법

❹ 격자무늬를 이용한 곱셈법으로 겔로시아 곱셈법도 있다. '겔로시아'는 '격자'를 가리키는 말이다. 먼저, 곱하는 두 수의 자릿수에 맞추어 격자무늬의 네모 칸을 그린다. 25×
겔로시아 곱셈 순서 ①
13을 계산한다고 하면 다음 그림과 같이 격자무늬에 대각선을 그리고, 네모 칸 위와 오른쪽에 곱하려는 수인 25와 13을 적는다. <u>가로와 세로에 쓰인 두 수의 곱을 대각선으로 나뉜</u>
겔로시아 곱셈 순서 ② 겔로시아 곱셈 순서 ③
<u>두 칸에 쓴다.</u> 2×1=2, 5×1=5, 2×3=6, 5×3=15를 각각 쓴다.(두 수의 곱이 한 자리인 경우에는 숫자 앞에 '0'을 붙인다.) 이어서 <u>격자무늬의 대각선을 네모 칸의 밖으로 뺀 다음</u>
겔로시아 곱셈 순서 ④
<u>사선에 있는 숫자들을 더해서 왼쪽에 적는다.</u> 차례로 2, 12, 5가 나오는데, <u>이때 사선을 따라 더한 결과가 10을 넘으면, 10의 자리 수를 앞의 자리로 올려 준다.</u> 즉, 12는 앞자리 수인
겔로시아 곱셈 순서 ⑤
1을 100의 자리로 올린다. 그러면 100의 자리는 2+1=3, 10의 자리는 2, 1의 자리는 5가 되어 25×13의 답은 325가 된다.
▶ 격자무늬를 이용한 겔로시아 곱셈법

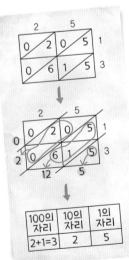

❯❯ 글 내용 한눈에 보기 •••

본문 69쪽

1 별 **2** 황금비 **3** 점 **4** 격자무늬

◀ 글을 이해해요 ▶

✔ 자기 평가

본문 70쪽

01 (내용 이해)
⑤

◯ ✕

02 (내용 추론)
④

◯ ✕

03 (내용 비판)
3096

◯ ✕

04 (중심 내용 쓰기)

별 모양이나 격자무늬 속에는 수학의 원리가 숨어 있는데, 별 모양에서 황금비를 찾을 수 있고, 격자무늬를 이용하여 곱셈을 할 수 있다.

◯ ✕

01 1문단에서 누구나 아름답다고 여기는 대상에서 황금비를 찾을 수 있다고 했어요. 하지만 이럴 때 말하는 황금비가 수학에서 말하는 숫자와 정확히 들어맞지는 않는다고 했어요.

(오답 풀이)
① 1문단에서 누구나 아름답다고 여기는 대상에서 이상적인 비율인 황금비를 찾을 수 있다고 했어요.
② 2문단에서 유클리드의 황금비를 설명하고 있어요. 유클리드는 소수 셋째 자리까지만 나타내어 1.618 : 1로 황금비를 정의하고 있어요.
③ 2문단에서 피타고라스의 황금비를 설명하고 있어요. 피타고라스는 별 모양에서 황금비를 발견했어요.
④ 2문단에서 유클리드의 황금비를 그림 자료와 함께 설명하고 있어요.

02 4문단에 겔로시아 곱셈법에 대한 설명이 제시되어 있어요. 설명과 그림을 함께 보면서 이해하면, 자릿수가 두 자리인 두 수를 곱할 때 네모 칸이 4개가 됨을 알 수 있어요.

(오답 풀이)
① 격자무늬를 이용해서 곱셈을 하는 방법이에요.
② 곱하는 두 수의 자릿수에 맞추어 격자무늬의 네모 칸을 그려 곱셈을 하는 방법이에요.
③ 피라미드를 지을 때 사용했는지는 알 수 없어요.
⑤ 숫자의 자릿수를 나누어 적은 뒤 계산하는 방법이에요.

03 4문단에 제시된 겔로시아 곱셈법에 따라 계산을 해 보면, 100의 자리의 숫자가 10을 넘으니 1000의 자리로 올려 주면 3096이 돼요.

04 이 글은 별 모양과 격자무늬에 숨어 있는 수학의 원리를 설명하고 있어요. 별 모양에서 피타고라스가 황금비를 발견하고 유클리드가 황금비를 정의했으며, 격자무늬를 이용해선 긋기 곱셈법과 겔로시아 곱셈법을 할 수 있다고 했어요.

◀ 어휘를 익혀요 ▶

본문 71쪽

01 **1** ㄱ **2** ㄷ **3** ㄴ   **02** **1** 대명사 **2** 격자무늬   **03** **1** 여기 **2** 꼽히 **3** 가리키

17 올바른 국기 게양 방법

코칭 Tip 이 글은 국기를 올바르게 게양하는 방법을 설명하는 글입니다. 국기의 역할과 중요성을 인식하고 올바른 국기 게양 방법을 실천하려는 마음을 다지며 글을 읽을 수 있도록 합니다.

1 국기는 한 나라를 상징하는 깃발이다. 국경일이나 기념일, 국가 간의 행사에서 사용되며 국민의 애국심을 고취하고 주권 국가로서의 존엄을 나타내는 데에 중요한 역할을 한다. 우리나라 국기인 태극기는 일제 강점기에는 독립운동의 구심점이 되었고, 오늘날에는 국제 사회에서 고난과 역경을 딛고 일어선 대한민국의 위상을 대표하고 있다. 이처럼 국기는 나라와 민족을 대표하는 신성한 표지이기 때문에 국기를 소중히 다루고 예법에 맞게 게양해야 한다.
▶ 국기의 역할 및 올바른 국기 게양의 필요성

2 올바른 국기 게양을 위해 지켜야 할 내용은 다음과 같다. 첫째, 국기를 게양하는 날이다. 법률에 의하여 국기 게양일로 정해진 날은 모두 7일이다. 그중 국경일은 삼일절(3월 1일), 제헌절(7월 17일), 광복절(8월 15일), 개천절(10월 3일), 한글날(10월 9일)이 있고, 기념일은 현충일(6월 6일)과 국군의 날(10월 1일)이 있다. 이 외에도 국가장 기간, 정부가 따로 지정한 날, 지방 자치 단체가 조례 또는 지방 의회의 의결로 정하는 날에도 국기를 게양할 수 있다.
▶ 올바른 국기 게양을 위해 지켜야 할 것 ①: 국기 게양일

3 둘째, 국기를 게양하는 위치와 방법이다. 국기는 언제나 왼쪽에 게양하는 것을 기본으로 하여 주택의 대문에서는 문 밖을 기준으로 왼쪽에, 아파트에서는 앞 베란다의 왼쪽에 세워야 한다. 또, 국기를 게양하는 방법은 그 목적에 따라 깃봉과 깃면 사이의 간격이 달라진다. 경축일 및 평일에는 깃봉과 깃면의 사이를 떼지 않고 게양하지만, 현충일이나 국가장과 같이 조의를 나타내는 날에는 깃봉에서 깃면 너비만큼 내려서 달도록 한다. 이를 조기(弔旗)라고 하는데, 국기를 조기로 게양할 경우에는 함께 게양하는 다른 기도 조기로 게양한다.
▶ 올바른 국기 게양을 위해 지켜야 할 것 ②: 국기 게양의 위치와 방법

▲ 경축일 및 평일   ▲ 조의를 나타내는 날

4 셋째, 국기 게양 및 강하의 원칙이다. 국기는 비 또는 눈이 내리지 않는 날의 낮 시간에 게양하는 것이 기본이며, 비나 눈이 오고 멈추기를 반복할 때에는 기상 상황에 따라 수시로 강하하거나 게양하도록 한다. 또, 국기와 다른 기를 게양할 때에는 국기와 다른 기를 동시에 게양하거나 먼저 국기를 게양한 후 다른 기를 게양한다. 강하할 때에는 국기와 다른 기를 동시에 강하하거나 국기보다 다른 기를 먼저 강하해야 한다.
▶ 올바른 국기 게양을 위해 지켜야 할 것 ③: 국기 게양 및 강하의 원칙

5 넷째, 국기와 다른 기의 배치 순서이다. 국기와 외국기를 같이 세울 때에는 단상을 기준으로 왼쪽에 태극기, 오른쪽에 외국기를 배치한다. 또 국기와 여러 외국기를 함께 세울 때에는 깃대의 수가 짝수이면 맨 왼쪽에 국기를 세우고, 깃대의 수가 홀수이면 한가운데에 국기를 세우도록 한다. 다만 외국기가 아닌 국제 연합기와 함께 게양을 하는 경우에는 국제 연합기를 가장 예우하여 짝수일 때는 왼쪽부터 국제 연합기, 국기, 외국기의 순서로 배치한다.
▶ 올바른 국기 게양을 위해 지켜야 할 것 ④: 국기와 다른 기의 배치 순서

글 내용 한눈에 보기 •••

본문 73쪽

1 국경일　**2** 왼쪽　**3** 조의　**4** 한가운데

글을 이해해요

✔ 자기 평가

본문 74쪽

01 (내용 이해)
1 왼쪽　　**2** 국경일　　**3** 조기　　◯ ✕

02 (내용 추론)
⑤　　◯ ✕

03 (내용 비판)
1 ◯　　**2** ◯　　**3** ✕　　◯ ✕

04 (중심 내용 쓰기)
국기는 나라와 민족을 대표하는 신성한 표지이기 때문에 예법에 맞게 국기를 게양해야 한다.　◯ ✕

01 **1** 3문단에서 국기는 언제나 왼쪽에 게양하는 것을 기본으로 하여 주택의 대문에서는 문 밖을 기준으로 왼쪽에 세우도록 한다고 했어요.
2 2문단에서 법률로 정해진 국기 게양일은 모두 7일로, 5일의 국경일과 2일의 기념일이 있다고 했어요.
3 3문단에서 현충일과 같이 조기를 게양하는 날에는 깃봉에서 깃면 너비만큼 내려서 달아야 한다고 했어요.

02 5문단에서 국기를 국제 연합기와 함께 게양하는 경우에는 국제 연합기를 가장 예우하여 짝수일 때는 왼쪽부터 국제 연합기, 국기, 외국기 순서로 배치한다고 했어요.

(오답풀이)
① 7일의 국경일과 기념일뿐만 아니라 국가장 기간이나 정부가 따로 지정한 날 등에도 국기를 게양할 수 있어요.
② 비 또는 눈이 내리지 않는 날의 낮 시간에 게양하는 것이 기본이에요.
③ 조기를 게양할 때에는 함께 게양하는 다른 기도 조기로 게양해야 해요.
④ 국경일에는 국기를 깃봉과 깃면의 사이를 떼지 않고 게양해야 해요.

03 **1** 주택의 대문에서는 문 밖을 기준으로 왼쪽에 국기를 세워야 해요.
2 현충일과 같이 조의를 나타낼 때에는 깃봉에서 깃면 너비만큼 내려서 달아야 해요.
3 국기와 다른 기 하나를 게양하는 경우에는 깃대의 수가 2개로 짝수예요. 따라서 국기를 왼쪽에 게양해야 해요.

04 이 글은 올바른 국기 게양의 필요성을 밝히고, 올바른 국기 게양을 위하여 지켜야 할 내용으로 국기 게양일, 국기 게양의 위치와 방법, 국기 게양 및 강하의 원칙, 국기와 다른 기의 배치 순서 등을 알려 주고 있어요.

어휘를 익혀요

본문 75쪽

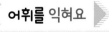 **1** ㄴ　**2** ㄱ　**3** ㄷ　　**02** **1** 조의　**2** 국가장　**3** 고취　　**03** **1** 위상　**2** 구심점

18 듣기 좋은 소음도 있다고요

코칭Tip 이 글은 백색 소음에 대해 설명하고 있는 글입니다. 백색 소음의 특징과 효과를 파악하고, 백색 소음을 사용할 때의 주의점이 무엇인지 살펴보며 글을 읽을 수 있도록 합니다.

1 공부를 하거나 일을 할 때, 조용한 공간에서는 집중을 하지 못하는 사람들이 있다. 이들은 너무 조용한 곳보다는 약간의 소음이 있는 곳에서 집중이 더 잘된다고 느낀다. 여기에는 여러 가지 이유가 있겠지만, 그중 백색 소음이 만들어 내는 효과도 한몫한다고 볼 수 있다. 소음은 보통 귀에 거슬리는 시끄러운 소리이지만, 백색 소음은 집중력을 향상시켜 주는 효과가 있는 것으로 알려져 있다. 백색 소음이 무엇이기에 집중력에 도움을 주는 것일까?
▶ 집중력 향상에 도움을 주는 백색 소음

2 소음에는 특정 음높이를 유지하는 칼라 소음(color noise)과 넓은 음폭을 가지고 있는 백색 소음(white noise)이 있다. 백색 빛이 프리즘을 통과하면 여러 가지 종류의 색으로 나뉘는 것에 착안하여 백색(白色)이 모든 색을 가지고 있는 것처럼 넓은 음폭을 가진 소음에 백색 소음이라는 이름을 붙였다. 백색 소음은 넓은 음폭과 일정한 주파수를 가지고 있기 때문에 백색 소음이 있는 공간에서 사람들은 소리를 듣기는 하지만 그것이 어떤 음인지 뚜렷하게 구분하지 못한다. 백색 소음은 불규칙적이고 스트레스를 유발하는 일반 소음과 다르게 우리 귀에 익숙하면서도 거슬리지 않는 소음으로 사람들의 일상생활을 방해하지 않는다.
▶ 소음의 유형과 백색 소음의 특징

3 백색 소음은 크게 자연적인 소리와 인위적인 소리로 나눌 수 있다. 자연적인 소리로는 비 오는 소리, 시냇물 흐르는 소리, 장작 타는 소리, 귀뚜라미 우는 소리와 같이 일정하게 반복되는 자연의 소리가 있고, 인위적인 소리로는 공기 청정기 소리, 선풍기 소리, 진공청소기 소리와 같이 균일하고 낮은 주파수의 기계음이 만드는 소리가 있다. 카페의 잔잔한 음악 소리나 70데시벨(dB) 미만의 적당한 대화 소리는 모두 인위적인 소리에 포함된다.
▶ 백색 소음의 종류

4 칼라 소음은 자극적인 소리로 스트레스를 유발함으로써 고차원적인 사고와 기억을 방해하여 학업과 업무 성취도를 떨어뜨린다. 그러나 백색 소음은 주변의 잡음을 덮어 주어 집중력을 높여 주고 심리적 안정감을 불러온다. 백색 소음을 들려주었을 때의 뇌파 반응을 연구한 결과에 의하면, 불안 및 긴장과 관련된 베타파가 줄어들면서 안정감을 나타내는 알파파가 크게 증가한 것으로 나타났다. 또, 2012년 미국 시카고대학교 소비자연구저널의 연구에서는 백색 소음의 주파수에 해당하는 50~70데시벨(dB)의 소음을 듣고 있을 때는 그렇지 않을 때보다 집중력과 기억력이 증가한 반면, 스트레스 지수는 감소한 것으로 나타났다. 한국산업심리학회 연구에서도 백색 소음으로 인해 집중력은 47.7% 향상되었고, 학습에 소요된 시간은 13.63% 단축되었으며, 스트레스는 27.1% 감소하였다고 한다. ▶ 백색 소음의 효과에 대한 연구 결과

5 백색 소음은 현재 학습의 보조 도구나 개인 정보 보호, 스트레스 장애에 시달리는 환자들을 치료하는 보조적 수단 등에 활용되고 있다. 그러나 우리에게 도움을 주는 소음이라고 해도 지나치면 해로울 수 있다. 일부러 찾아 들으면 오히려 신경이 쓰여 집중도가 떨어질 수 있고, 오랜 시간 듣게 되면 귀에 해로울 수 있다. 특히 신생아에게 백색 소음을 너무 과다하게 들려주면 청각 신경의 손상이나 정서 장애를 초래할 수 있으므로 주의가 필요하다.
▶ 백색 소음의 활용과 활용 시 주의점

글 내용 한눈에 보기 ●●●

본문 77쪽

1 백색　**2** 집중력　**3** 안정감　**4** 학습　**5** 귀

글을 이해해요

☑ 자기 평가

본문 78쪽

01 (내용 이해)
④

○ ✕

02 (내용 이해)
1 알파파　**2** 스트레스　**3** 단축

○ ✕

03 (내용 추론)
③

○ ✕

04 (중심 내용 쓰기)
넓은 음폭과 일정한 주파수를 가지고 있는 백색 소음은 집중력 향상과 심리적 안정에 도움을 주지만, 지나치면 해로울 수 있으므로 주의하여 사용해야 한다.

○ ✕

01 백색 소음은 사람들이 뚜렷하게 구분할 수 없는 소리이기 때문에 일상생활을 방해하지 않고 집중력과 안정감을 높이는 효과가 있다고 했어요.

02 4문단에서 백색 소음의 효과와 관련된 여러 가지 연구 결과를 제시하고 있어요. 백색 소음을 들려준 후 뇌파 검사 및 집중력과 관련된 실험을 하였을 때, 백색 소음이 집중력과 기억력을 높여 주고 스트레스 지수를 감소시키며 심리적 안정감을 불러오는 효과가 있는 것으로 밝혀졌어요.

03 이 글에 백색 소음의 주파수 대역은 정확하게 명시되어 있지 않아요.

(오답 풀이)
① 3문단에서 백색 소음은 크게 자연적인 소리와 인위적인 소리로 구분할 수 있다고 했어요.
② 2문단에서 백색 빛이 프리즘을 통과하면 여러 가지 종류의 색으로 나뉘는 것에 착안하여 백색이 모든 색을 가지고 있는 것처럼 넓은 음폭을 가진 소음에 백색 소음이라는 이름을 붙였다고 했어요.
④ 4문단에서 백색 소음의 효과로 뇌파 반응 연구, 미국 시카고대학의 연구, 한국산업심리학회의 연구 결과를 제시하여 증명하고 있어요.
⑤ 5문단에서 백색 소음을 활용할 때 주의할 점을 설명하고 있어요.

04 이 글은 백색 소음의 뜻과 특징, 종류, 효과, 주의점 등에 대해 설명하고 있어요. 모든 소음이 사람에게 해로운 것이 아니라, 도움을 주는 소음도 있음을 이해하며 중심 내용을 정리해 보세요.

어휘를 익혀요

본문 79쪽

01 **1** ㄴ　**2** ㄱ　**3** ㄷ　　**02** **1** 균일　**2** 착안　**3** 소음　　**03** **1** 한몫　**2** 거슬리

19 독이 되는 비난, 약이 되는 비판

코칭Tip 이 글은 비판과 비난의 차이를 제시하며 비난이 아닌 올바른 비판 문화를 형성해야 함을 주장하고 있는 글입니다. 근거의 타당성과 표현의 적절성을 따져 가며 글을 읽을 수 있도록 합니다.

❶ "좋은 약은 입에 쓰다."라는 말이 있다. 몸에 좋은 약은 건강에 도움을 주지만 쓴맛 때문에 먹기에는 괴롭다. 하지만 입에 쓰다고 해서 약을 먹지 않는다면 빨리 병을 고칠 수 없을 것이다. 비판도 마찬가지이다. 몸에 좋은 약이 입에 쓰듯이 자기에게 이로운 비판은 귀에 거슬리는 법이다. 하지만 듣기 싫다고 하여 비판하기를 꺼리거나 비판을 제대로 듣지 않는다면 갈등이 심해지고 문제가 더 커질 수 있다. 갈등이나 문제를 해결하여 건강한 사회를 만들기 위해서는 올바른 비판 문화를 형성할 필요가 있다. ▶ 올바른 비판 문화 형성의 필요성

❷ 올바른 비판 문화를 형성하기 위해서는 먼저 비판과 비난의 의미를 정확하게 알고 비난이 아닌 비판을 할 줄 알아야 한다. 많은 사람들이 비판과 비난을 혼동하거나 아예 같은 의미로 알고 있는 경우가 있는데, 비판과 비난은 엄연히 다르다. 비판은 어떤 행동이나 의견에 대해 객관적 사실에 근거하여 이성적으로 판단하여 말하는 것이다. 반면, 비난은 감정만 앞세워서 타당한 이유 없이 상대방을 헐뜯는 것이다. 비판과 비난은 둘 다 한자어인데 한자의 뜻을 살펴보면 그 차이가 더욱 두드러진다. '비판(批判)'의 '비(批)'는 '평가하다'라는 뜻이다. 반면, '비난(非難)'의 '비(非)'는 '헐뜯다, 비방하다'라는 뜻이다. 예를 들어, 친구의 글을 읽고 "네 글이 잘 이해되지 않아. 이 부분에서 자세한 예를 들어 주면 더 좋을 것 같아."라고 말하는 것은 비판이라고 할 수 있다. 그러나 "너는 글을 참 못 쓰는 것 같아."라고만 말하는 것은 비난에 가깝다. 비판은 부족한 점을 흠잡는 것이 아니라 부족한 점을 보완할 수 있도록 상대방에게 도움을 주는 것이어야 한다. ▶ 비판과 비난의 차이점

❸ 그렇다면 올바른 비판을 하기 위해서는 어떻게 해야 할까? 비판을 할 때에는 상대방을 존중하는 태도를 보여야 한다. 그리고 타당한 이유를 들어 말해야 하며, 문제를 해결할 수 있는 대안을 함께 제시해야 한다. 한편, 비판을 들을 때에는 상대방의 말을 무조건 받아들일 것이 아니라, 자신의 생각과 비교하여 받아들여야 한다. 그리고 상대방의 말을 경청하고 감사의 뜻을 표현해야 한다. 비판의 말을 듣고도 반응을 하지 않거나 화를 낸다면 자칫 다툼으로 번질 수 있다. 비판의 말을 하는 입장에서도 어렵고 조심스럽기 때문에 자신의 발전을 위해 의견을 제시해 준 상대방의 노력에 감사와 존중의 마음을 가져야 한다. ▶ 비판할 때와 비판을 들을 때의 올바른 태도

❹ 비판의 의미를 잘못 이해하여 바르게 비판하지 못하면 상대방에게 상처를 주거나 상대방으로부터 상처를 받기 쉽다. 따라서 비판의 의미를 제대로 이해하고 올바른 비판 문화를 만들어 가야 한다. 올바른 비판은 우리 사회를 성숙하고 아름답게 만드는 디딤돌이 될 것이다. ▶ 올바른 비판 문화 형성의 필요성 강조

❤ 글 내용 한눈에 보기 ●●●

본문 81쪽

1 비판   **2** 감정   **3** 대안   **4** 경청

◀ 글을 이해해요 ▶

☑ 자기 평가

본문 82쪽

01 (내용 이해)
③   ◯ ✕

02 (내용 추론)
④   ◯ ✕

03 (내용 비판)
정우   ◯ ✕

04 (중심 내용 쓰기)
건강한 사회를 만들기 위해서는 <u>비판의 의미</u>를 제대로 이해하고 <u>올바른 비판 문화</u>를 형성해야 한다.   ◯ ✕

01 이 글에서 전문가의 말을 끌어다 쓴 부분은 찾을 수 없어요. 전문가의 말을 인용하면 글쓴이의 주장에 신뢰감을 주는 효과가 있어요.

(오답풀이)
① 1문단에서 "좋은 약은 입에 쓰다"라는 속담을 사용하여 읽는 이가 호기심을 갖도록 했어요.
② 2문단에서 비판과 비난의 한자의 뜻을 비교하면서 차이점을 설명하고 있어요.
④ 2문단에 비판과 비난의 예시가 제시되어 있어요.
⑤ 4문단에서 글쓴이는 1문단에서 밝힌 올바른 비판 문화를 만들어 가야 한다는 주장을 다시 한번 강조하고 있어요.

02 4문단에서 글쓴이는 비난과 다른 비판의 의미를 제대로 이해하고, 올바른 비판 문화를 만들어 가기를 당부하고 있어요.

(오답풀이)
① 올바르게 비판을 할 수 있어야 갈등과 문제를 해결하여 건강한 사회를 만들 수 있다고 했어요.
② 비판을 들을 때에는 무조건 받아들일 것이 아니라, 자신의 생각과 비교하며 받아들여야 한다고 했어요.
③ 비난은 감정적으로 헐뜯는 말이기 때문에 해서는 안 돼요.
⑤ 비판을 할 때에는 문제를 해결할 수 있는 대안도 함께 제시해 주는 것이 좋아요.

03 상대방의 부족한 점을 흠잡는 것은 비난에 가까워요. 비판은 부족한 점을 보완할 수 있도록 상대방에게 도움을 주는 것이어야 해요.

04 이 글은 비판의 의미를 제대로 이해하고 올바른 비판 문화를 만들 것을 주장하고 있는 글이에요. 글쓴이의 주장이 잘 드러나도록 중심 내용을 정리해 보세요.

◀ 어휘를 익혀요 ▶

본문 83쪽

01 **1** ㄷ   **2** ㄱ   **3** ㄴ   **02** **1** 경청   **2** 헐뜯   **3** 디딤돌   **03** **1** 흠잡   **2** 이롭   **3** 비방

쓰레기도 다시 보자, 업사이클링

> **코칭Tip** 이 글은 환경 보호 활동의 하나인 업사이클링에 대해 설명하고 있는 글입니다. 리사이클링과 업사이클링을 비교하여 업사이클링의 장점을 이해하고, 업사이클링 제품의 특징 및 업사이클링의 실천 방안을 파악하여 글을 읽을 수 있도록 합니다.

1 환경 문제를 걱정하는 사람들이 늘어나면서 환경을 보호하는 일에 대한 관심이 높아졌다. 일상생활 속에서 실천할 수 있는 환경 보호 활동으로는 쓰레기 분리수거하기, 일회용품 덜 쓰기, 에너지 절약하기, 재활용품 사용하기 등을 떠올릴 수 있다. 그러나 사람들은 쓰레기를 단순히 재활용하는 차원을 넘어서 좀 더 가치 있는 활동을 추구하게 되었고, 이에 따라 폐기물을 활용하여 새로운 제품을 창출하는 업사이클링(Upcycling)이 주목받고 있다.
▶ 환경 보호 활동으로 주목받고 있는 업사이클링

2 업사이클링(Upcycling)은 '개선하다'라는 의미의 '업그레이드(Upgrade)'와 '재활용'이라는 의미의 '리사이클링(Recycling)'이 합쳐진 말로, 버려지거나 다 쓴 물건을 디자인이나 활용성을 더해 새로운 제품으로 재탄생시키는 것을 뜻한다. 버려진 물건을 수선하여 재사용하는 리사이클링의 상위 개념으로, 단순히 재활용하는 차원에서 더 나아가 새로운 가치를 더해 전혀 다른 제품으로 재창조하는 것이다. 예를 들어 포장 박스의 디자인을 바꾸어 수납함을 만들거나, 플라스틱 병이나 재활용 의류 등을 이용하여 옷이나 가방, 소품 등을 만들거나, 버려진 현수막으로 장바구니를 만드는 경우가 이에 해당한다.
▶ 업사이클링의 뜻과 예

3 리사이클링은 재활용할 물건을 수거하여 재처리하는 과정에서 많은 에너지를 소모하고 이산화탄소를 발생시키는 등의 문제점을 안고 있다. 반면에 업사이클링은 별도의 재처리 과정 없이 필요 없는 물건으로 새로운 제품을 만드는 것이기 때문에 매립하거나 소각해야 하는 쓰레기의 양을 줄이고 재처리에 쓰이는 자원의 낭비도 막을 수 있어서 더욱 친환경적이라고 할 수 있다.
▶ 리사이클링과 업사이클링의 비교

4 환경을 보호하면서 경제적 가치를 창출할 수 있다는 점에서 많은 사람들이 업사이클링 활동에 관심을 가지고 있으며, 사회적 기업들도 업사이클링을 통한 상품들을 출시하고 있다. 스위스의 한 기업에서 트럭의 방수 덮개를 활용하여 독특한 디자인의 가방을 제작한 것을 시작으로, 폐현수막과 자전거 타이어, 안전벨트 끈 등을 활용한 가방, 폐금속을 가공해 만든 전등 등 다양한 재료를 이용한 독창적이고도 친환경적인 제품들이 곳곳에서 생산되고 있다. 업사이클링 제품은 버려진 물건을 소재로 하여 하나하나 수작업으로 만들기 때문에 모두 다른 모양으로 제작된다. 세상에서 단 하나뿐인 제품이라는 점이 소비자들의 구매 욕구를 자극하고, 아울러 환경 보호 활동에 참여한다는 의미까지 부여받을 수 있어서 많은 사람들에게 사랑을 받고 있다. 이전에는 주로 패션이나 잡화 관련 제품이 많이 만들어졌으나, 최근에는 미술이나 인테리어 등의 분야에서도 활용되어 업사이클링이 하나의 산업으로 발전하고 있는 추세이다.
▶ 업사이클링 제품의 특징 및 다양한 분야에서 활용되는 업사이클링

5 그렇다면 생활 속에서 업사이클링을 실천할 수 있는 방법은 무엇일까? 우선 버려진 것들에 관심을 가지고, 그것을 새로운 물건이 될 수 있는 재료로 바라보는 자세가 필요하다. 폐타이어를 활용해 미끄러지지 않는 신발을 만든 것도 폐타이어를 쓰레기가 아닌 신발의 밑창이 될 수 있는 재료로 보았기 때문에 가능했다. 쓰레기도 소중한 자원이 될 수 있다는 사실을 깨닫고 가치 있는 재활용 방법을 고민하는 것이 업사이클링의 시작이 아닐까?
▶ 업사이클링의 실천 방안

≫ 글 내용 한눈에 보기 •••

본문 85쪽

1 재탄생 **2** 리사이클링 **3** 친환경 **4** 환경

◀ 글을 이해해요 ▶

☑ 자기 평가

본문 86쪽

01 (내용 추론)
③   ○ ✕

02 (내용 이해)
②   ○ ✕

03 (내용 비판)
④   ○ ✕

04 (중심 내용 쓰기)
페기물을 소재로 하여 디자인이나 활용성을 더해 <u>새로운 제품</u>으로 재탄생시키는 업사이클링은 환경 보호는 물론 <u>경제적 가치</u>를 창출할 수 있어 다양한 분야에서 활용되고 있다.   ○ ✕

01 이 글에 리사이클링의 문제점은 제시되어 있지만, 리사이클링의 발전 방안에 대한 내용은 나타나 있지 않아요.

(오답 풀이)
① 2문단에서 '업그레이드'와 '리사이클링'이 합쳐진 말이라고, '업사이클링'의 어원을 설명하고 있어요.
② 3문단에서 리사이클링은 재활용할 물건을 재처리하는 과정에서 많은 에너지를 소모하는 등의 문제점을 안고 있다고 했어요.
④ 4문단에서 업사이클링을 활용한 산업에 대해 설명하고 있어요.
⑤ 4문단에서 스위스의 한 기업에서 출시한 가방이 업사이클링의 상업적 제품의 시작이라고 했어요.

02 4문단에서 이전에는 패션이나 잡화 관련 제품이 많이 만들어졌으나, 최근에는 미술이나 인테리어 등 업사이클링의 활용 분야가 넓어지고 있다고 했어요.

(오답 풀이)
① 3문단에서 업사이클링이 친환경적임을 설명하고 있어요.
③ 3문단에서 업사이클링은 버려진 물건을 재료로 하여 별도의 재처리 과정 없이 사용한다고 했어요.
④ 2문단에서 업사이클링의 뜻을 설명하고 있어요.
⑤ 4문단에서 업사이클링 제품이 소비자들에게 사랑받는 이유로 제시하고 있는 내용이에요.

03 빈 유리병을 세척해서 다시 사용한 것은 업사이클링이 아니라 리사이클링, 즉 재활용이에요. 업사이클링은 재활용을 넘어서 디자인이나 활용성을 더해 새로운 제품으로 재탄생시키는 것을 말해요.

04 이 글은 업사이클링의 뜻과 장점, 다양한 활용 분야 등에 대해 설명하고 있어요. 각 문단의 핵심 문장을 살펴보면서 중심 내용을 정리해 보세요.

◀ 어휘를 익혀요 ▶

본문 87쪽

01 **1** ㄷ **2** ㄴ **3** ㄱ   **02** **1** 별도 **2** 추세 **3** 창출   **03** **1** 소모 **2** 개선 **3** 주목

실력 확인

△ 글의 문단별 내용을 정리하고 주제를 써 보아요.

01 우리를 아프게 하는 욕

본문 8~9쪽

- **1문단** 욕 을 사용하는 청소년들의 언어생활에 대한 문제를 제기함
- **2문단** 욕을 많이 사용하면 어 휘 력 이 떨어짐
- **3문단** 욕을 많이 사용하면 감 정 을 조절하기 어려워짐
- **4문단** 욕은 듣는 사람의 뇌 를 손상시킴
- **5문단** 욕을 사용하지 말 것을 당부함

✏️ **주제** 욕 을 사용할 때 발생하는 문 제 점

02 정리 정돈의 달인 되기

본문 12~13쪽

- **1문단** 목 표 를 정하고 정리 정돈을 시작해야 함
- **2문단** 정리 정돈하는 순서 ①: 정리할 구 역 의 물건 꺼내기
- **3문단** 정리 정돈하는 순서 ②: 필요한 물건과 필요 없는 물건 나 누 기
- **4문단** 정리 정돈하는 순서 ③: 필 요 한 물건만 다시 넣기
- **5문단** 정리 정돈을 습관화할 때의 효 과

✏️ **주제** 정 리 정 돈 을 잘하는 방법

03 젓가락 삼국지

본문 16~17쪽

- **1문단** 젓가락의 모양은 그 나라의 식 사 문화를 보여 줌
- **2문단** 중 국 젓가락의 특징
- **3문단** 한 국 젓가락의 특징
- **4문단** 일 본 젓가락의 특징

✏️ **주제** 중국, 한국, 일본의 젓 가 락 문화

04 골칫거리가 된 플라스틱

본문 20~21쪽

1문단 지구를 병들게 하는 플 라 스 틱 쓰레기

2문단 플라스틱 쓰레기가 모여 만들어진 플라스틱 섬

3문단 미세 플라스틱이 해양 동 물 에게 주는 피해

4문단 미세 플라스틱이 사 람 에게 주는 피해

5문단 우리 생활 속에서 플라스틱 쓰레기를 줄 이 는 방법

주제 플 라 스 틱 문제의 심각성 및 플라스틱 쓰레기를 줄이는 방법

05 지방, 너무 미워하지 마세요

본문 24~25쪽

1문단 지방에 대한 사람들의 부 정 적 인식

2문단 우리 몸에서 지방이 하는 역 할

3문단 지방의 종류 ①: 포 화 지방산

4문단 지방의 종류 ②: 불포화지방산과 트 랜 스 지방

5문단 지방을 건 강 하게 먹는 방법

주제 지 방 의 역할과 종 류

06 까마귀는 억울해

본문 28~29쪽

1문단 까 마 귀 에 대한 부정적 인식

2문단 사람들이 까마귀를 흉 조 로 생각하는 이유

3문단 까마귀의 특성 ①: 매우 영 리 함

4문단 까마귀의 특성 ②: 효 심 이 지극함

5문단 까마귀의 긍 정 적 인 면 강조

주제 까 마 귀 에 대한 인식 및 특 성

실력 확인

실력
확인
90쪽

07 디지털 기술로 문화재를 지키다

본문 32~33쪽

1문단 문화재 보 존 및 복 원 에 활용되는 디지털 기술

2문단 디지털 기술 ①: 문화재 검사 단계에서 주로 사용하는 X 선 촬영

3문단 디지털 기술 ②: 레이저 광선을 이용하여 대상의 구조를 파악하는 3차원 스 캐 닝

4문단 디지털 기술 ③: 무형 문화재 보존에 유용한 컴퓨터 그 래 픽

5문단 디지털 기술 활용의 이로운 점 및 디 지 털 기술에 대한 전망

주제 문 화 재 보존 및 복원에 쓰이는 디 지 털 기술

08 슈퍼 문의 신비

본문 36~37쪽

1문단 슈 퍼 문 의 개념 및 태양과 지구, 달의 위치에 따른 슈퍼 문의 모양

2문단 블 러 드 문 이 나타나는 경우

3문단 블 루 문 이 나타나는 경우와 블 루 문 의 특징

4문단 밀 물 과 썰 물 이 생기는 원리

5문단 슈퍼 문이 뜰 때 해 수 면 이 높아지는 이유

주제 슈 퍼 문 이 나타나는 경우와 슈 퍼 문 이 뜰 때 일어나는 현상

09 작아서 더 무서운 미세 먼지

본문 40~41쪽

1문단 미 세 먼 지 의 관측 현황

2문단 미세 먼지의 개념 및 미세 먼지의 위 험 성

3문단 미세 먼지의 발 생 원 인

4문단 미세 먼지에 대 처 하기 위한 노력

주제 미 세 먼 지 의 발생 원인 및 대 처 방안

10 꽃처럼 아름다운 담, 꽃담

본문 44~45쪽

❶문단 담 을 쌓는 까닭과 그 유래

❷문단 꽃 담 의 개념과 기능

❸문단 꽃담에 쓰이는 재 료

❹문단 꽃담의 성 행 시 기 및 오늘날 남아 있는 꽃담

✔**주제** 꽃 담 의 기능 및 특성

11 시력의 모든 것

본문 48~49쪽

❶문단 시 력 의 개념 및 우리 눈 으로 대상을 보는 과정

❷문단 란 돌 트 고 리 를 이용한 시력 측정 방법

❸문단 눈 상태에 따라 달라지는 시력 교 정 방법

✔**주제** 눈 으로 대상을 보는 과정 및 시력의 측 정 과 교정 방법

12 다수결의 함정

본문 52~53쪽

❶문단 다 수 결 의 뜻

❷문단 다수결의 종 류

❸문단 다수결의 장 점

❹문단 다수결의 단 점

❺문단 다수결을 사용할 때 유 의 할 점

✔**주제** 다 수 결 의 장단점과 다 수 결 을 사용할 때 유의할 점

실력 확인

13 우리 문화재 지킴이, 간송 전형필

본문 56~57쪽

1문단 간 송 전형필에 대한 소개

2문단 전 형 필 의 출생과 성장

3문단 우리 문 화 재 를 지키기 위해 노력한 전형필

4문단 문화재의 가치를 판단하여 값 을 치른 전형필

5문단 『훈 민 정 음 해례본』을 지켜 낸 전형필

6문단 우리나라 최초의 미 술 관 을 세운 전형필

7문단 우리 민족의 문 화 와 역 사 를 지켜 낸 전형필

주제 우리 문 화 재 를 지키는 데 자신의 재 산 과 일 생 을 바친 전형필

14 아프리카의 이상한 국경선

본문 60~61쪽

1문단 일반적인 국경선의 모양과 다른 아 프 리 카 의 국경선

2문단 국 경 선 이 만들어지기 전 아프리카 원주민들의 삶

3문단 유럽 강 대 국 들이 아프리카 대륙의 영토를 두고 협상을 한 베를린 회의

4문단 베 를 린 회의 이후 달라진 아프리카 국경선의 모양과 원주민들의 삶

주제 아 프 리 카 의 국경선이 직 선 모양인 이유와 그로 인한 문제

15 에너지가 변신해요

본문 64~65쪽

1문단 김연아 선수의 점프에 숨어 있는 과 학 적 원리

2문단 위 치 에너지와 운 동 에너지의 뜻과 크기

3문단 에너지의 전 환

4문단 에너지의 보 존

5문단 피겨 스케이팅 점프에서 알 수 있는 에너지의 전 환

주제 위 치 에너지와 운 동 에너지의 전 환 과 보 존

16 숨어 있는 수학을 찾아라

본문 68~69쪽

❶문단 누구나 아름답다고 여기는 대상에서 찾을 수 있는 황 금 비

❷문단 별 모양에서 황금비를 발견한 피타고라스와 황금비를 정의한 유클리드

❸문단 격 자 무 늬 를 만들어 곱셈을 하는 선 긋기 곱셈법

❹문단 격자무늬를 이용한 겔 로 시 아 곱셈법

주제 별 모양과 격자무늬에 숨어 있는 수 학 의 원리

17 올바른 국기 게양 방법

본문 72~73쪽

❶문단 국 기 의 역할 및 올바른 국기 게양의 필요성

❷문단 올바른 국기 게양을 위해 지켜야 할 것 ①: 국기 게 양 일

❸문단 올바른 국기 게양을 위해 지켜야 할 것 ②: 국기 게양의 위 치 와 방법

❹문단 올바른 국기 게양을 위해 지켜야 할 것 ③: 국기 게양 및 강 하 의 원칙

❺문단 올바른 국기 게양을 위해 지켜야 할 것 ④: 국기와 다른 기의 배 치 순서

주제 국 기 를 올바르게 게 양 하는 방법

18 듣기 좋은 소음도 있다고요

본문 76~77쪽

❶문단 집 중 력 향상에 도움을 주는 백색 소음

❷문단 소음의 유형과 백 색 소 음 의 특징

❸문단 백색 소음의 종 류

❹문단 백색 소음의 효 과 에 대한 연구 결과

❺문단 백색 소음의 활용과 활용 시 주 의 점

주제 백 색 소 음 의 특징과 효과

실력 확인

19 독이 되는 비난, 약이 되는 비판

본문 80~81쪽

1 문단 올바른 [비][판] 문화 형성의 필요성

2 문단 비판과 [비][난] 의 차이점

3 문단 비판할 때와 비판을 들을 때의 올바른 [태][도]

4 문단 올바른 비판 문화 형성의 필요성 강조

주제 올바른 [비][판][문][화] 의 형성

20 쓰레기도 다시 보자, 업사이클링

본문 84~85쪽

1 문단 [환][경][보][호] 활동으로 주목받고 있는 업사이클링

2 문단 [업][사][이][클][링] 의 뜻과 예

3 문단 [리][사][이][클][링] 과 업사이클링의 비교

4 문단 업사이클링 제품의 [특][징] 및 다양한 분야에서 활용되는 업사이클링

5 문단 업사이클링의 [실][천][방][안]

주제 [업][사][이][클][링] 의 장점 및 다양한 활용

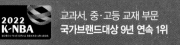

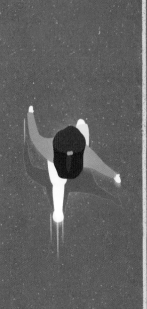

완자·공부력·시리즈 매일 4쪽으로 스스로 공부하는 힘을 기릅니다.

대표전화 1544-0554
주소 서울특별시 구로구 디지털로33길 48 대륭포스트타워 7차 20층
협의 없는 무단 복제는 법으로 금지되어 있습니다.